KB274584

신앙생활

어떻게 잘 할 수 있을까?

신앙생활
어떻게 잘 할 수 있을까?

2016년 9월 10일 초판 발행
지은이 | 염두철 · 장명수
발행인 | 김수곤
편집인 | 염성철
발행처 | 도서출판 선교횃불(ccm2u)
      전화 : (02)2203-2739
      팩스 : (02)2203-2738
등록일 | 1999년 9월 21일 제 54 호
등록처 | 서울 송파구 백제고분로 27길 12(삼전동)
홈페이지 | www.ccm2u.com

ISBN 978-89-5546-385-9   93230

신교횃불

신앙생활
어떻게 잘 할 수 있을까?

염두철 · 장명수 공저

신교횃불

contents

더 높은 영성을 추구하며

30여 년 목회를 하면서 하나님과 함께 한 삶이 얼마나 다이내믹한 것인지 우리는 경험했다. 그것은 아브라함과 같은 모험이었고, 바울과 같은 도전이었다. 때로는 여호수아와 갈렙이 되기도 했다. 하늘에서 만나가 내려오기도 했다. 그러나 어떤 때에는 엘리야 같이 로뎀나무 아래에서 절망이었고, 베드로 같이 아가페가 아닌 필리아 수준의 사랑으로 고백해야 했다. 어느 때이든 하나님은 우리와 늘 함께 하셨고 인도해 주셨다.

이제 목회를 시작한 지 얼마 안 되는 이들도 매우 흥미진진한 경험을 하게 될 것이다. 이것은 목회자 뿐 아니라 그리스도인의 신앙생활에서도 마찬가지다. 하나님과 함께 하는 신앙생활은 흥미진진한 그 자체이다.

그러나 이 시점에서 우려하는 것은 세상의 가치관에 함몰되면서도 무감각한 성도들과 성장주의 흐름에 휩싸여 세상과 구별되지 않는 교회의 모습이다. 본질보다 현상을 바라보는 시각이 우세하다. 참보다는 그것에 의해 나타나는 다양한 형태, 겉으로 보이는 외형적인 모습에 집착한다.

우리나라에 복음이 들어온 지 132년이라는 세월이 흐르면서 신앙생활이 느슨해진 모습이다. 신앙의 자유가 주어졌지만 성숙함으로 발전되지 못했다. "그리스도의 복음에 합당하게 생활하라."(빌 1:27)라는 요청에 응하지 못하고 있다. 성공주의에 물들어 세상적인 지혜를 진리인 줄 알고 답습하며 본질적이고 역동적인 상태에서 멀어져 있다.

우리는 앞서 길을 걸었던 입장에서 오늘의 한국 교회와 그리스도인의 삶을 심각하게 바라보며 신앙생활의 바른 모습을 제시해야 할 필요성을 느낀다.

우리에게 진정 그리스도인의 성장이 있었는가? 나는 어떤 상태인가? 우리의 상태와 가장 유사한 모습을 히브리서 수신자에게서 발견한다. 히브리서의 수신자들이 처한 영적 상태를 보면 현대 그리스도인들과 너무나 흡사하다고 생각된다.

그들은 그리스도인이 된 지 꽤 오래 되었고, 사도들의 가르침도 받았다. 그들이 처음 믿음을 갖게 되었을 때는 그 믿음으로 인해 기쁨으로 고난과 박해를 당하고 재산을 잃기도 했다. 그러나 세월이 흐르면서 그들은 삶이 피곤해졌다. 믿음을 떠나고 싶어 했다. 죄의 유혹을 받았고, 영적으로 마땅히 선생이 되어야 할 때가 되었으나 여전히 어린아이와 같이 젖을 먹는 상태에 있었으며, 어떤 자는 믿음을 버리기도 했고, 하나님과의 관계도 멀어졌다. 그들은 주님을 향한 첫사랑을 잃어버리고 냉랭해 졌다.

이들의 모습은 오늘날의 그리스도인들과 별 차이가 없어 보인다. 우리는 신앙의 문제로 고민하며 신앙생활을 잘 하고 싶어 하는 그리스도인들에게 답을 주고 싶었다. 『신앙생활 어떻게 잘 할 수 있을까?』라는 제목에는 이러한 우리의 마음이 담겨 있다.

이 책에서는 신앙의 세 가지 사이클을 말할 것이다. 처음에는 세 번째 단계로 까지 나아가다가, 그 단계에 도달한 후 그대로 지속되는 것이 아니라 인생의 시련이나 신앙의 위기에 처하기도 하고 첫 번째 단계나 두 번째 단계로 되돌아가기도 함을 경험할 것이다. 그리고 발돋움하는 가운데 다시 세 번째 단계를 향해 나가게 될 것이다.

신앙생활에 이런 사이클이 있는 이유는 기독교 영성이 도를 닦아 완성되는 것이 아니라 끊임없이 그리스도의 은혜에 기대는 것이기 때문이다. 하지만 신앙생활의 사이클이 다람쥐 쳇바퀴 도는 식의 반복이어서는 안 된다. 나사처럼 순환하되 계속 상승하는 것이어야 한다.

우연한 맞물림이지만 종교개혁 500주년을 앞두고 한국 교회는 개혁의 필요성을 공감하고 있고, 의식이 있는 그리스도인들은 제대로 신앙생활을 하고 있는지 성찰하고 있다. 신앙에 대한 성찰은 대단히 중요한 일이다. 그 날에 주의 이름으로 선지자 노릇을 하고, 귀신을 쫓아내며, 권능을 행했지만 "내가 너희를 도무지 알지 못하리라."(마 7:23)라는 소리는 듣지 말아야 하기 때문이다.

가장 중요한 것은 눈에 보이지 않는다. 본질은 보이지 않는 나무뿌리와 같다. 열매를 맺으려면 뿌리가 튼튼해야 한다. 신앙과 영성의 수준, 나아가 우리 삶의 수준을 높이려면 현상보다는 본질을 보아야 한다.

우리의 첫 번째 책 『작은 교회 새롭게 다시 보기』가 목회의 본질을 다루었다면, 우리의 두 번째 책 『신앙생활 어떻게 잘 할 수 있을까?』는 신앙생활의 본질을 다루고 있다. 전자가 목회자들을 향한 메시지였다면 후자는 성도들을 향한 메시지이다. 첫 번째 책에서 신앙의 본질을 충분히 다루지 못한 아쉬움이 두 번째 책을 쓰게 했다.

모든 일에는 계기가 있기 마련이다. 2016년 1월 14일, 극동방송 뷰티플 라디오에 출연해서 『작은 교회 새롭게 다시 보기』를 소개하는 시간을 갖게 되었다. 방송 중 진행자가 다음 책에 대하여 질문을 했을 때 장명수 목사가 준비 중이라고 답변을 했다. 방송을 마치고 나와서 우리는 곧바로 마음에 품고 있었던 그리스도인의 신앙생활에 대한 글쓰기를 위해 서로의 생각을 나눴다.

목회하는 해가 늘어날수록 우리의 관심은 더욱 단순해졌다. 우리는 목회 본질을 추구하며 오직 예수 그리스도를 닮아 가는데 집중했다. 우리가 추구하는 신앙의 본질은 간단하게 '채움', '비움', '누림'으로 요약되었다.

요즘 세상은 너무 어지럽고 복잡하다. 그 반작용으로 사람들은 단순하게 살고 싶어 한다. 사실 단순한 삶이 가장 인간적인 삶이다. 그러나 모든 것이 복잡한 세상 속에서 살다보면 자연히 머릿속에는 오만가지 잡생각으로 가득하고 덩달아 삶도 복잡할 수밖에 없다.

단순한 삶은 원하는 것이 아니라 필요한 것을 가짐으로써 만족하는 것이다. 금욕주의가 일반적으로 단순하게 사는 것을 추구하고 사치와 낭비를 경계하지만, 그렇다고 해서 단순한 삶을 추구하는 사람들이 금욕주의자는 아니다. 또한 단순한 삶은 어쩔 수 없는 가난이 아니라 선택에 의한 자발적인 생활양식이다.

우리도 단순함을 추구하고 있다. 어느 정도 살아온 우리들은 가장 중요한 것을 선별하며 선택의 폭을 줄이고 있다. 장명수 목사는 요즘 책 정리를 하고 있다. 신학교 시절부터 지금까지 모은 책들을 살펴보며 이제 필요 없는 것들은 버리고 있다. 이것은 그동안의 삶을 정리하는 의미이며, 단순한 삶을 살기 위한 것이다. 하지만 아직까지 바울처럼 모든 것을 배설물로 여길 수 없음을 죄송하게 생각한다.

우리는 목회자로서 단순한 삶을 신앙생활에 적용하게 되었다. 바울이 예수 그리스도만을 알기 원했던 것처럼 우리는 이제 삶과 목회에서 중요한 것과 그렇지 않은 것들을 구분하고 중요한 것만을 추구하게 되었다. "모든 것을 해로 여김은 내 주 그리스도 예수를 아는 지식이 가장 고상하기 때문이라"(빌 3:8).

그 단순함은 우리를 힘 있게 해 준다. 불필요한 군더더기를 훌훌 벗어버리고 예수 그리스도를 바라보면 우리 영혼은 자유로워진다(히 12:1, 2). 마음속에 예수 그리스도로 채워지면 자연스럽게 비울 수 있고, 빛 가운데 행하며 하늘의 영광을 누리게 된다.

우리는 요즘 유행하는 미니멀 라이프에 대하여 관심을 갖고 있다. 참된 그리스도인의 삶은 미니멀 라이프이어야 한다는 것이 우리의 생각이다. 예수 그리스도로 채워지면 단순한 삶을 살 수 있다. 채움과 그로 인한 비움은 미니멀 라이프를 위한 기본 요소이고, 누림은 미니멀 라이프의 결과라고 할 수 있다.

우리는 누림의 신앙에서 누림을 경험한 사람들의 삶을 소개했다. 우리는 더 많은 사람들의 누림의 삶을 보고 싶다. 채움과 비움의 결과로 누리는 차원에 이르는 성도들이 많아져 누림의 이야기들이 더욱 풍성해져야 할 것이다. 이것이 우리가 이 책을 쓰는 이유이다.

또한 우리의 책이 종교개혁 500주년을 맞이하는 즈음에 잠든 신앙을 깨우고, 신앙생활의 본질을 생각하는 깨어있는 그리스도인들에게는 더 높은 영성을 추구하며 거룩한 영향력을 나타내도록 하는데 일조할 수 있기를 기대해 본다.

염두철 · 장명수 목사

채움의 신앙생활

"하나님이여 사슴이 시냇물을
찾기에 갈급함 같이 내 영혼이
주를 찾기에 갈급하니이다"(시 42:1).

chapter 1

신앙에로의 초대

대공원에 놀러간 아이가 모든 것이 신기하고 재미있어서 여기
저기 다니다가 그만 엄마를 잃어버렸다. 그 순간부터 아이의 눈에
는 그 어떤 것도 들어오지 않았다. 미아보호소에서 아이에게 맛있
는 아이스크림을 주며 울음을 달래 보려고 했지만 소용이 없었다.
엄마를 잃어버린 그 아이에게는 오직 엄마를 만나는 것 외에는 다
른 어떤 것도 필요하지 않았다.

우리 인생도 마찬가지다. 반드시 있어야 할 한 가지가 부족하면
만 가지가 있어도 만족을 느끼지 못해 공허해 하거나 때로 비도덕
적 생활을 하게 된다. 진흙탕에서 헤매는 인생을 살던 어거스틴은
기독교 신앙을 가지고 나서 "하나님 품에 안기기까지는 참 만족이

없었다.”라고 고백했다.

엄마를 잃어버리고 우는 아이를 달래는 유일한 방법은 빨리 엄마를 찾아서 아이를 엄마 품으로 넘겨주는 일이다. 모든 사람 안에는 영원, 본래 자신의 모습, 진리 그 자체, 참 실재를 찾는 갈증이 있다. 그 근원적인 것이 채워지면 편안해진다. 하나님은 그 갈증을 채워주시고자 우리를 신앙의 자리로 부르시고 계신다.

우리가 살던 어린 시절은 가난했다. 그때 사람들은 가난을 벗어나려고 무진 애를 썼다. 그래서인지 요즘의 풍요로운 삶을 보면 꿈을 꾸는 것 같다. 지금 이 시대의 사람들은 그 어느 때보다 잘 입고, 잘 먹고, 좋은 집에서 살고 있다.

그런데 아이러니하게도 이전보다 더 심한 갈증과 불만족과 고독 속에 살고 있다. 그야말로 군중 속의 고독이요, 풍요 속의 굶주림이다. 가난하던 시절에는 그저 잘 먹고 잘 살면 행복할 줄 알았다. 그런데 애를 쓰고 달려가 보니 행복의 무지개는 저 멀리 달아나 있었다. 그렇다. 우리 인간은 세상 것으로 만족할 수 없는 존재이다.

만 가지를 가지고 있어도 꼭 필요한 한 가지가 부족하면 갈급함이 사라지지 않는다. 넘치도록 가졌지만 만족함이 없고, 많이 배웠지만 자신감이 없고, 바쁘게 뛰어 다니지만 성취감이 없고, 많은 사람들을 만나지만 고독하다. 이런 증상에는 약이 없다. 병원에 입원한다고 해서 고쳐질 수 있는 것이 아니다. 이것은 영혼이 목말라서 생기는 증상이다.

그래서 예수님은 목말라 하는 자들에게 말씀하신다. "누구든지 목마르거든 내게로 와서 마시라"(요 7:37). "내가 주는 물을 마시는 자는 영원히 목마르지 아니하리니 내가 주는 물은 그 속에서 영생하도록 솟아나는 샘물이 되리라"(요 4:14).

여섯 번째 남편과 살고 있던 수가성의 사마리아 여인은 예수님을 만나 영혼의 목마름을 해소할 수 있었다. 많은 사람들이 사마리아 여인처럼 헛되고 헛된 것들을 구하고 있다. 목이 마르면 물을 마셔야 하듯이 영혼이 목마르면 예수님께로 와서 영생하도록 솟아나는 샘물을 마셔야 한다.

기독교 신앙을 가진다는 것이 자연스러운 일처럼 생각될 수 있지만 우리의 신앙 과정을 회고해 보면 그것은 결코 자연스러운 일이 아니었다. 수많은 초대와 그에 따른 응답이 있었다.

우리 중 한 사람은 모태 신앙이고, 한 사람은 어릴 때부터 신앙생활을 했다. 우리는 교회 안에서 설교를 들으며 자랐다. 또한 교회학교에서 성경을 공부했다. 그것들은 우리들을 신앙에로 초대하는 것이었다. 우리는 각각 나름대로 어려운 상황에서 예수님을 바라보게 되었고 신앙에의 초대에 응답했다. 우리가 처한 상황에서 그 문제를 해결하기 위한 방법이었다.

각 사람에게 다가오는 문제들은 실로 다양하다. 사람들은 인생이 허무해지거나 어려운 일을 만났을 때 자신이 처한 한계 상황에서 고민한다. 그러나 우리가 만나는 문제는 예수님을 만날 수 있는 기회다. 우리는 기독교 가정에서 자라났기 때문에 예수님을 가까이 접할 수 있었다. 신앙의 첫 단계는 예수님에 대한 소식을 듣고 초대에 응하는 것이다.

예수님의 초대에 응하면 능력자이시고, 구원자이시고, 사랑이신 예수님은 그 어떤 문제라도 능히 해결해 주신다. 예수님은 삶의 의미를 가르쳐 주시며 가치관을 바르게 만들어 주신다. 또한 삶이 고난에 빠졌을 때 그 문제들을 해결해 주신다. 예로, 가난의 굴레와 질병의 괴로움과 실패와 절망에 처한 사람들에게 새로운 길을 열어 주신다. 절망에 빠진 사람에게 희망과 용기를 주신다. 젊은이들에게 비전을 주시고 노인들에게는 꿈을 주신다.

또한 예수님은 가정의 문제를 해결해 주시며, 이혼의 상처를 치유해 주신다. 외로운 자들에게 친구가 되어 주신다. 무의미한 인생들에게 의미를 제공해 주신다. 허무감에 빠진 사람들에게 살 소망을 주신다. 죄 가운데 사는 사람을 의의 길로 인도하신다. 특히 죽음의 문제를 해결해 주시고 영생을 주신다. 영생은 예수님께서 주시는 가장 큰 복이다.

예수님은 이렇게 다양한 삶의 문제들을 도와주시고 답을 주시는 분이시다. 이 글을 쓰는 우리가 득자들 보다 더 고상한 신앙을 가지고 있다고 생각하지는 말라. 우리는 예수님과 함께 산다는 점 외에 다른 차이가 없다. 우리 삶이 특별하다면 삼위일체 되시는 하나님의 사랑과 예수님의 은혜와 성령님의 함께 하심을 경험하며 사는 것이다.

허드슨 테일러(J. Hudson Taylor)가 선교 도중에 몸과 마음이 지쳐서 쓰러졌다. 그 원인은 온전히 하나님께서 기뻐하시는 삶을 살지 못한다는 자책감 때문이었다. 그는 더욱 거룩한 사람이 되려고 애를 썼지만 자신의 모습은 초라했다. 자신에 대한 불만족으로 인한 중압감 때문에 신경이 예민해져 자주 화를 냈고 말도 거칠어졌다. 기도하고 금식하고 말씀을 읽었지만 소용이 없었다. '자신이 말씀대로 살지 못하면서 사람들에게 어떻게 예수 믿으면 하나님의 자녀가 되는 권능을 주신다고 선포할 수 있는가'라는 생각이 그를 괴롭혔다.

그의 상태를 안 맥카디 선교사로부터 편지가 왔다. "어떻게 믿음을 강하게 할 수 있을까? 그것은 믿음을 구하려고 애쓰는 것이 아니라 그저 신실하신 예수님을 의지하는 것이다." 테일러는 맥카디의 말대로 단순히 예수님을 신뢰하므로 자책감에서 벗어날 수 있게 되었다.

인간의 실존은 늘 불안하다. 나의 깊은 절망과 고뇌를 누구와

의논할 수 있을까? 여기에 희망의 소식이 있다. 예수님은 인간의 불안한 실존에 도움을 주실 수 있다. 예수님께서 나의 인생의 문제를 도와주실 수 있다는 것을 생각하면 예수님을 바라보게 될 것이다.

예수님께서 갈릴리에서 두루 다니며 가르치시고, 하나님 나라를 전파하시고, 모든 병과 약한 것을 고쳐주셨다(마 4:23, 24). 그러자 예수님에 대한 소문이 퍼져 나갔다. 사람들은 예수님의 능력에 대한 소문을 듣고 찾아왔다. 그들은 각자 처한 상황에서 예수님의 도우심을 바랐다. 그 결과는 소문대로였다. 우리는 바이러스 같은 자라는 말을 들었던 바울과 같이(행 24:5) 예수님에 대한 소문을 퍼뜨리고 싶어 하는 사람들이다.

드와이트 무디(Dwight L. Moody)가 청년 시절에 어느 교회로 들어갔다가 아주 단순한 설교를 듣게 되었다. 설교자는 "십자가를 바라보라."라고 했다. 무디는 속으로 웃었다. 설교자는 다른 이야기를 하지 않고 계속해서 십자가를 바라보라고 했다. 무디는 반복되는 요청에 십자가를 바라보게 되었고 감동이 왔다. 그는 십자가에 어떤 능력이 있음을 알게 되었다. 우리 인간은 단순히 예수님을 바라보는 것에서 희망을 발견할 수 있게 된다.

프란시스 쉐퍼(Francis A. Schaeffer)가 목사로 7년, 선교사로 7년 동안 사역하던 어느 날 자신의 모습을 되돌아보며 자신의 모습에 실망하게 되었다. 그는 목사가 되기 전의 모습이나 오랜 시간이 흘렀지만 아무것도 변하지 않은 자신의 모습을 보며 좌절하게 되었다. 그는 더 이상 사역할 수 없었다. 그러나 오랜 동안의 고민 끝에 그가 만난 것은 예수님의 보혈이었다. 그는 매일 자신을 보혈로 씻어 나갔다. 놀랍게도 그의 모습은 변화되며 성장하기 시작했다.

우리가 당신을 신앙에로 초대(招待)하는 것은 예수님에게 희망이 있기 때문이다. 예수님은 우리를 초대하고 계신다. 예수님은 우리에게 은혜 베풀기를 원하신다. 현대인들은 수 없이 많은 신앙에의 초대를 받으며 살아간다. 그 초대에 대해 응답하는 것과 거부하는 것은 본인에게 달려 있다.

신앙의 첫 출발은 예수님과 함께 걸어가는 것이다. 에녹이 하나님과 동행하고, 믿음의 조상 아브라함이 하나님의 약속을 따라 순례의 길을 걸었던 것처럼, 우리는 예수님과 함께 인생의 길을 걸어 나가는 것이다. 예수님에게는 모든 좋은 것이 있다.

chapter 2

비움보다 앞서는 채움

기독교 신앙생활의 출발은 채움으로 시작한다. 비움보다 채움이 먼저다. 흔히 비우면 채워진다고 말한다. 이 말은 만고의 진리처럼 인용되고 있다. 그러나 사람의 마음은 이 공식이 통하지 않는다. 사람의 본성을 깊이 알고 나면 쉽게 비운다는 말을 할 수 없게 된다. 우리는 그동안의 인생 경험을 통해 사람은 절대로 못 비운다고 단언한다.

나이가 들면 세상 모든 일에 초연할 것 같지만 결코 그렇지 못하다. 오히려 노욕이 더 무섭다. 사람이 죽음을 맞이하는 이상적인 방식은 내적으로나 외적으로 일체를 내려놓는 것이다. 그러나 인간은 스스로 낮추고 내려놓지 못한다. 마지막 죽음의 순간까지 삶에 대한 애착을 가지고 뭔가 붙들고 산다.

조용히 자신의 마음속을 들여다보라. 언제 마음이 비워진 적이 있었는가? 또 주변에서 마음을 비운 것처럼 여겨지는 사람을 본 적이 있는가? 사람들이 종종 '마음을 비운다.'라는 말을 하지만 언어의 유희에 불과하고, 비워야 채운다는 말은 기계적인 논리이고, 실제와 동떨어진 이론일 뿐이다.

그런데 사람들은 비우는 것이 영성 생활의 기초인 것처럼 알고 있고, 그것을 대단한 진리로 여기고 있다. 마음을 비우라는 말을 정말 자신이 경험하고 하는지 궁금하다. 우리는 자신에게 질문해 본다. 왜 교회성장을 추구하는가? 정말 영혼 구원 때문에 그런 것인가? 왜 성도들에게 헌신하라고 하는가? 그들을 개인의 야망을 이루기 위한 수단으로 생각하고 있지는 않은지 자문하게 된다.

그리스도인들이 신앙생활에서 실패하는 이유는 나의 노력으로 채우려고 하기 때문이다. 우리는 계획을 세우고 계속해서 뭔가를 하려고 한다. 인도 선교사 윌리엄 케리(William Carey)는 "하나님으로부터 위대한 일을 기대하라. 하나님을 위하여 위대한 일을 시도하라."라는 명언을 남겼다. 아멘이 절로 나오는 멋진 말이다.

그러나 은혜 없는 상태에서 이 말이 우선시 되면 부담과 억압으로 다가온다. 윌리엄 케리는 하나님의 은혜가 충만한 상태에서 이런 말을 한 것이다. 이 말은 은혜를 받고 채움을 경험한 자들에게 주는 도전의 말이다.

사람들은 예수님에게 "우리가 어떻게 하여야 하나님의 일을 하오리까?"라고 물었다. 이때 예수님은 "하나님께서 보내신 이를 믿는 것이 하나님의 일이니라."(요 6:28, 29)라고 대답하셨다. 많은 그리스도인들이 뭔가를 해야 한다는 강박관념 속에 있다. 그러나 예수님은 자신을 믿는 것이 하나님의 일이라고 하셨다.

교회의 영성 전통 가운데 '수덕'과 '신비'의 두 흐름이 있다. 수덕(修德)은 그리스어 '아스케시스(askesis)'에서 온 말로 어떤 기술, 특히 운동기술을 숙달하기 위해 연습하고 훈련하는 것을 말한다. 수덕은 인간의 모든 노력을 포함하는 것으로 금욕, 금식기도, 전도, 봉사, 나눔, 자기희생, 낮은 자리 등이 여기에 해당된다.

반면에 신비(神秘)는 그리스어 '미스티코스(mystikos)'에서 유래된 것으로 하나님에게서 오는 은혜를 말한다. 신비는 인간의 행위가 아닌 하나님의 행위로 하나님이 인간에게 내려 주시는 은혜이다. 은혜는 값없이 주시는 하나님의 선물이다.

로마 가톨릭 전통을 따르는 사람들은 신앙생활을 잘 해 보려고 할 때 그리스도의 수난을 묵상하며 의지적으로 그리스도의 고통에 동참하려고 노력한다. 그러나 신앙생활에서 의지적인 노력에는 한계가 있다. 동방 정교회는 우리나라 성도들에게는 낯설지만 그들의 전통에서 도움을 받을 것이 있다.

동방 정교회에서는 '예수기도'를 통해 하나님께 나아간다. 그들은 "하나님의 아들 예수 그리스도여, 나를 불쌍히 여기소서!"를 천 번 만 번 반복하며 오직 그리스도에게 집중한다. 그러다가 어느 순간에 기도하는 인간의 의지적인 요소는 사라지고 그리스도 안에 침잠하게 된다. 신비에서 인간은 수동적 자세를 취하게 되고 하나님의 능동적 움직임을 바라보게 된다. 그리고 하늘의 평화가 임하는 가운데 새로운 삶을 살게 된다.

수덕과 신비는 신앙생활에서 모두 필요한 요소이다. 그러나 우리는 순서를 잘 생각해야 한다. 오늘의 가톨릭 신학의 기초를 제공한 토마스 아퀴나스(Thomas Aquinas)는 1273년 12월 6일 미사를 집전하는 중에 신비한 경험을 했다. 그 후로 그는 『신학대전』의 3부 물음에서 저술을 중단했고, 그의 저술을 촉구하던 비서에게 "난 더 이상 할 수 없다. 내가 지금까지 쓴 모든 것은 마치 지푸라기처럼 보인다."라고 말했다. 하나님 현존 앞에서 인간은 욥처럼 말을 잃게 된다.

신앙생활의 우선 요소는 수덕이 아니라 신비이다. 그럼에도 우리는 신앙생활에서는 수덕과 신비 가운데 수덕에 큰 비중을 둔다. 로마 가톨릭 교회가 중세시대에 신비를 등한시하고 수덕에 강조점을 두었기 때문에 문제가 발생했던 것이다. 그들은 그리스도의 은혜 보다는 교회가 요구하는 것을 행하려고 했다. 그들은 신앙의 이름으로 인간적인 수단과 방법을 강요했고, 그것을 행하는 것이 구원에 이르는 길이라고 가르쳤다. 오늘 우리가 이런 과오를 되풀이하고 있지는 않은지 염려스럽다.

기독교 신앙생활은 신비로운 채움에서 시작된다. 나의 신앙생활이 건조하게 느껴지는가? 그렇다면 그리스도를 바라보라. 이것은 단순한 하나의 슬로건이 아니라 신앙의 핵심이다. 그리스도를 바라보기 전에 뭔가 하려고 하면 기쁨은 없고 힘만 든다.

1909년과 1910년 사이에 100만인 구령운동이 있었다. 이것은 1907년 평양 대부흥운동이 있은 후 또 다시 부흥을 갈망하는 가운데 인간의 계획에 따른 전도 운동이었다. 노력에 비해 기대한 만큼 성령의 역사는 일어나지 않았다. 이 일은 우리에게 부흥의 파도는 인위적으로 만들 수 없다는 교훈을 남겨 주었다.

매일 새벽마다 내리는 이슬이 황량한 광야에 생명을 불어 넣는 것처럼 우리에게도 잔잔히 스며드는 이슬과 같은 은혜가 필요하다. 매일 새벽마다 광야의 이스라엘 백성들에게 일용할 양식인 만나가 하늘로부터 주어졌듯이 우리에게도 일용할 은혜가 필요하다. 만나는 하루를 넘길 수 없다. 그래서 우리는 매일 반복해서 그 은혜를 기다린다.

하루를 시작하면서 수동적인 자세로 하루의 모든 삶을 예수님께 내려놓는다. 그러면 하루를 인도해 주신다. 이것이 하나님과 함께 사는 삶이다. 하나님의 은혜는 이슬과 같이 우리의 삶을 촉촉이 적셔 주신다. 하루의 삶을 위해 새벽기도를 하거나 큐티를 하는 것은 신앙생활에 있어서 필수적인 것이다.

그리스도는 빛이시다. 우리 마음의 어둠을 몰아내려면 그리스도로 채워야 한다. 사랑을 받은 자가 사랑하는 것이 쉬운 것처럼, 그리스도로 채워 질 때 우리는 비울 수 있다. 그럴 때 마음이 밝아지고, 빛이 되어서 세상을 밝히는 사람이 될 수 있다.

바울은 그의 서신에서 '그리스도 안에서'라는 말을 빈번하게 사용했다. 그만큼 그는 온전히 그리스도 안에서의 삶을 살았다. 바울은 자신을 익명으로 소개할 때 '그리스도 안에 있는 한 사람'(고후 12:2)이라고 표현했다. 바울은 그리스도 안에서 살았고, 그리스도는 언제나 그와 함께 하셨다. 이것이 그리스도와의 연합이요, 그리스도로 채워진 삶이다.

신앙생활은 우리가 안간힘을 쓰며 노력하는 것이 아니라 주 안에 거하는 것이고, 주님을 바라보는 것이고, 그저 주님을 신뢰하는 것이다. 내가 사는 것이 아니라 그리스도께서 내 안에 사시는 것이다. 신앙생활은 내가 하는 것이 아니라 하게 되어지는 것이다. 신앙생활에서의 변화와 성숙은 전적인 하나님의 은혜로 말미암아 가능하기 때문에 수동적이다.

육적인 것은 비워지지 않는다. 우리는 바울이 왜 "오호라 나는 곤고한 사람이로다 이 사망의 몸에서 누가 나를 건져내랴."(롬 7:24)라고 탄식했는지 알아야 한다. 불가능한 비움을 위해 헛수고 하지 말고 먼저 채움의 신비를 경험해야 한다. 그렇지 않으면 신 앙생활은 점점 무거운 짐이 된다.

예수님은 "수고하고 무거운 짐 진 자들아 다 내게로 오라 내가 너희를 쉬게 하리라."(마 11:28)라고 우리를 초청하셨다. 인생의 짐이 무겁게 느껴지는가? 모든 무거운 짐을 예수님께 내려놓으라. "새 영을 너희 속에 두고 새 마음을 너희에게 주되 너희 육신에서 굳은 마음을 제거하고 부드러운 마음을 줄 것이며"(겔 36:26)라는 약속을 믿고 성령님께 새 마음과 새 영을 달라고 구하라.

우리가 변화된 삶을 살지 못하는 것은 신비적 신앙생활을 거치 지 않고 수덕적 신앙생활에만 치중하기 때문이다. 그러나 그리스 도로 채워지면 행복해져서 자신을 비울 수 있다. 또한 새로운 태 도를 가지고 살게 되며 더 나아가 타자를 위해 살 수 있게 된다.

chapter 3

채워 주시는 하나님

우리는 목회자이기 때문에 목회자에 대한 이야기로 채움에 대한 논의를 시작해 본다. 목회자는 주의 종이다. 종의 의미를 은유적으로 풀 필요가 없다. 종은 그저 종이다. 종은 주인에게 명령받은 것을 다 행한 후에 "우리는 무익한 종이라 우리가 하여야 할 일을 한 것뿐이라."(눅 17:10)라고 말해야 한다. 이것이 종의 태도에 대한 예수님의 가르침이다.

주의 종은 주님이 명령하시면 그대로 따라야 한다. 그 대신 주님은 종의 필요를 채워 주신다. 주의 종인 목회자는 늘 하나님 앞에 거지와 같은 존재로 살아간다. 목회자는 하나님의 도움을 절대적으로 필요로 하는 존재들이다. 그래서 주님만을 의지하며 모든 필요를 하나님께 말씀드리면 하나님은 채워 주신다.

목회자는 땅에서는 거지같이 사는 자이나 하늘에서 보상을 얻는 자들이다. 하나님에게 거지일지언정 사람들에게까지 거지로 살지는 않는다. 목회자는 주의 종이지 사람의 종이 아니기 때문이다. 목회자가 사람들에게서 필요를 채우려 한다면 그는 주의 종의 자격과 신분을 상실한 것이다.

성도들의 신앙생활도 마찬가지다. 성도들도 개인적으로 하나님 앞에서 거지로 살아가야 한다. 사업에서 실패할 때가 있고, 질병에 걸릴 때가 있고, 좌절하여 절망할 때가 있고, 생각하지 않았던 문제들이 파생될 때가 있다. 그 때마다 하나님께 구하고, 찾고, 두드리며 은혜를 구해야 한다. 주님은 우리의 부족을 채우고 충만을 경험하게 하신다. 그러므로 신앙생활에는 감동과 기쁨이 있다. 주님과의 동행은 즐거운 일이다.

그런데 많은 그리스도인들이 예수 그리스도의 이미지를 고난과 연결시키고 있다. 그리스도를 생각하면 곧바로 고난만 떠올린다. 그 이유는 서방 기독교의 영향 때문이다. 서방 기독교의 뿌리인 로마 가톨릭교회의 영성은 예수 그리스도의 고난에 초점을 맞춘 가운데 사순절이라는 절기를 만들어냈다. 반면에 동방 정교회의 영성은 고난보다 부활에 초점을 맞춘 가운데 예수님께서 변화 산에서 변형되었던 모습을 추구하며 부활의 기쁨을 누린다.

김진규 연출자가 있다. 그는 간증에서 예수 그리스도의 고난 뒤에 숨겨진 웃음에 대한 이야기를 했다. 그는 드로잉 쇼를 개척한 사람이다. 그는 그리스도의 은혜를 체험한 후 그리스도의 형상을 그리게 되었는데, 어느 날 십자가상에 있는 예수님의 옆모습을 보게 되었다. 그런데 놀랍게도 웃는 모습이었다. 십자가를 볼 때 항상 그리스도의 고난만 상상했는데 웃는 모습이라니. 그 웃음의 의미는 예수님께서 인류 구원을 위해 이루실 모습을 생각하시며 웃으신 것이었음을 깨닫게 되었다. 예수 그리스도의 고난에는 인간을 구원하기 위한 기쁨이 있었던 것이다.

우리의 신앙생활에 엄숙함과 무거움만 있다면 문제가 있다. 스데반은 돌에 맞아 순교할 때 하늘의 기쁨 속에서 자신에게 돌을 던지는 자들을 위하여 "주여 이 죄를 그들에게 돌리지 마옵소서!"(행 7:60)라는 용서의 기도를 드렸다. 이것이 그리스도로 채워진 자의 모습이다. 기독교는 단순한 고난의 종교가 아니라 기쁨의 종교이고, 상상할 수 없는 깊은 차원을 지니고 있다.

우리는 서로의 신앙생활을 외적인 것으로 평가할 때가 있다. 겉으로 드러난 것만을 가지고 쉽게 판단한다. 김은국의 소설인 『순교자』는 우리가 알고 있는 상식을 뛰어 넘는 이야기를 한다. 그것은 6·25전쟁 때의 순교자들이 우리가 알고 있는 것과 달리 신앙을 배신한 자들이었다는 것이다.

공산당이 그리스도인들에게 신앙을 포기하면 살려준다고 했을 때 당당히 신앙을 고백한 이들은 풀려나 순교하지 않았다. 공산당은 신앙을 배신한 이들을 처형하고 오히려 신앙을 지킨 이들의 당당함을 보고 그들을 풀어 주었다는 것이 이 소설의 요점이다.

신앙생활을 잘 하고 있는지 아닌지는 그가 전하는 교리나 주장보다 그의 얼굴 표정으로 알 수 있다. 그리스도의 은혜 가운데 사는 자에게는 내적인 빛이 있기 때문에 고난 가운데서도 마음에 평화가 있다. 십자가의 길을 걸어가면서도 기쁨이 있다. 낙심과 절망의 상황에서도 어깨를 늘어뜨리지 않는다. 죽음 앞에서도 당당함이 있다. 이런 삶은 노력해서 되는 것이 아니고 그리스도의 은혜로 가능하다.

또한 소설 『순교자』는 인간의 가치를 뛰어넘어 하늘의 가치를 보여 준다. 그리스도인은 영원한 하늘의 소망을 가지고 사는 사람들이다. 하늘을 바라보며 사는 그리스도인에게 하나님은 충만한 기쁨으로 채워주신다. 그렇기 때문에 세상에서 감당할 수 없는 자로 살아간다(히 11:36-38).

사람들의 잣대는 외적인 것에 있다. 눈에 보이는 것으로 성공과 실패를 판단한다. 하지만 하나님은 우리의 깊은 내면을 보고 판단하신다. 그렇기 때문에 그리스도인의 가치관, 삶의 방식은 세상 사람들과 달라야 한다. 그리스도의 삶이 역설적이었듯이 그리스도인의 삶도 역시 그래야 한다. 세상 사람들이 최고로 여기는 것을 무가치하게 여기고, 그들이 추구하는 육적인 기쁨을 우리는 지양해야 한다.

가치 있는 일만 하고 살아도 짧은 인생이다. 무가치한 일로 시간을 낭비하면 안 된다. 오늘 당신은 어떤 가치관과 삶의 방식으로 살고 있는가? 세상의 가치관을 가지고 신앙생활을 판단하게 되면 오직 외적인 것만 가지고 신앙생활 잘 하고 있다, 못하고 있다고 결론을 내릴 것이다. 그러나 밭에 감추인 보화처럼 진정한 가치는 외적인 것이 아닌 내적인 것에 있다.

우리는 실상과 허상을 구분하고, 한계를 알고, 참된 것을 추구해야 한다. 사람들의 파라다이스를 말하지만 이 세상 어디에도 파라다이스는 없다. 인간은 한계적 존재다. 그렇기 때문에 그리스도의 은혜가 절대적으로 필요하다. 이 세상에 고통 없이 사는 인간은 없다. 우리가 그들에게 가르쳐 줄 수 있는 것은 예수 그리스도의 은혜에 침잠하라는 것이다.

에스겔은 성전 문지방 밑에서 물이 흘러나오는 환상을 보았다. 그 물은 발목, 무릎, 그 다음은 허리에 차도톤 올라오고 마지막으로 온 몸에 차고 올라와 헤엄을 쳐야하는 상황에 이르게 되었다 (겔 47:1-5). 물이 점점 불어나는 것은 하나님의 은혜의 풍성함을 보여주는 것이다. 처음에는 하나님의 은혜가 발목에 차는 것처럼 그리 대단하게 생각되지 않지만 하나님을 알면 알수록 하나님의 은혜는 더 깊어지게 되고 나중에는 가히 측량할 수 없게 된다.

물속에서 걸어가는 것은 어려운 일이지만 헤엄쳐서 가는 것이 쉽다. 마찬가지로 은혜로 충만하면 신앙생활은 결코 어렵지 않다. 은혜 없이 십자가의 길을 가려면 괴롭지만 은혜로 충만하면 기쁘게 갈 수 있다.

참된 그리스도인은 은혜의 충만함 속에서 살아가는 사람들이다. 환난 중에도 즐거워한다(고후 5:3). 시내에서 돌을 치워버리면 시내는 노래를 잃어버린다. 물 흐름을 방해하는 돌들 때문에 시내는 노래하는 것이다. 고난은 하나님을 향한 찬양을 만들어 낸다. 고난 자체는 영성이 아니다. 고난을 고난이라 말하지 않는 것이 영성이다. 이런 영성은 오직 그리스도의 은혜로 채워질 때 가능해 진다.

한국 교회가 박해와 온갖 어려움을 극복하고 급성장할 수 있었던 배경에는 초기 한국 교회가 병원, 학교, 고아원, 복지, 구제 등으로 사람들의 필요를 채워 주었기 때문이었다. 그리고 1970년대 이후에는 대형 교회들이 출현하면서 전문성, 편리성, 익명성 등으로 현대인들의 다양한 관심을 채워줌으로써 교회 안에 다양한 사람들이 모일 수 있게 되었다.

예수님은 교회들을 통해 이 땅의 사람들을 긍휼히 여기시고 은혜를 베풀어 주셨다. 그 가운데 영혼구원은 가장 귀중한 것이다. 영혼구원보다 더 중요한 것은 없다. 하지만 예수님은 영혼 구원이라는 하나의 은혜만을 제공하시는 것이 아니라 우리의 다양한 필요를 아시고 그것들까지 넘치도록 채워주신다(엡 3:20).

채움이 없이는 비움이 생겨날 수 없다. 우리는 먼저 주님의 은혜로 채워져야 한다. 때로는 스데반처럼 성령으로, 때로는 위대한 기업가처럼 물질로, 때로는 선교사처럼 영혼에 대한 사랑으로, 때로는 삶에 지친 이에게 마음의 평화로 채워져야 한다.

성경은 우리에게 "네 입을 크게 열라 내가 채우리라."(시 81:10)라고 말씀하고 있다. 그래서 우리는 날마다 채움을 위해 구한다. 처음에는 건강, 물질, 이 땅에서의 성공, 출세 등을 위해 기도한다. 그러다가 점차 건강의 복에서 영혼의 복, 물질의 복에서 신령한 신앙의 복, 땅의 복에서 하늘에 이르는 복, 보이는 것에서 보이지 않는 복, 잠깐 동안의 것에서부터 영원한 것에 이르기까지 다양한 복을 구하게 된다.

chapter 4

채움의 장애물

예수님의 충만을 가로막는 장애물이 있다. 그것은 인간의 탐욕이다. 부자가 천국에 가는 것이 낙타가 바늘귀로 들어가는 것보다 어렵다는 것은 탐욕의 사람들에게는 그리스도의 은혜가 채워질 자리가 없음을 말하는 것이다.

조나단 에드워즈(Jonathan Edward)는 인간이라면 모두 행복을 갈망한다고 말했다. 행복은 인간 본성의 보편적 욕구로서 성경에서도 인정하고 있다. 예수님의 은혜는 각 사람에게 적절하게 주어진다. 그러나 인간은 탐욕으로 인해 더 많은 것을 원하기 때문에 적절하게 주시는 은혜에 만족하지 않는다.

행복의 기준은 각 사람마다 추구하는 바에 의해 다르지만 시대에 따라 사람들이 무엇을 최고의 가치로 삼느냐에 따라 크게 영향을 받는다. 시대를 읽는 사람들은 지금 이 시대를 대량 생산과 대량 소비의 시대로 보고 있다. 생산력은 증대되었고 소비자들은 구매력을 갖추기 시작했다. 대량 생산과 소비를 행복의 기준으로 삼게 되면 생산자는 더 많은 것을 생산해야 하고, 소비자는 더 많은 것을 소유해야 한다.

1996년부터 유전자를 조작한 콩이 상업화되어 대규모로 재배되기 시작했다. 이후 품목과 비율이 급속하게 늘어나고 있다. 그 대부분은 제초제에 저항성을 갖도록 하거나 해충에 이기기 위하여 자체로 독소를 만들어내도록 유전자를 조작한 것들이다.

유전자 조작식품을 옹호하는 사람들은 식량 문제를 해결할 수 있다고 주장한다. 그러나 식량문제는 양의 문제가 아니라 분배의 문제이다. 지난 30년 동안의 녹색혁명 기간 동안 식량 생산량은 엄청난 증가를 보였지만, 전 세계 기아인구는 오히려 더 늘어났다. 유엔식량농업기구(FAO)의 보고에 의하면 2015년 현재 전 세계의 7억 9천만 명이 기아로 고통을 강하고 있다. 그 와중에도 선진국에서는 사람들이 비만으로 고생하고 있고, 자신들이 먹는 음식의 양보다 더 많은 음식물 쓰레기를 버리고 있다.

문제는 많은 사람들이 물질에 대해 왜곡돈 사고를 가지고 있다는 사실이다. 많이 가지면 가질수록 행복해 질 것이고, 중요한 사람으로 대우 받을 것이고, 더 안전할 것이라고 믿고 있다. 과연 그럴까? 돈이 인생의 목적이 되고 풍부가 목표가 되면 물질의 노예가 되어버리고 만다. 일본의 유명한 신학자 우찌무라 간조(內村鑑三)는 이런 말을 했다.

돈이 있으면 침대는 살 수 있으나 잠은 살 수 없으며, 장식품은 살 수 있으나 아름다움은 살 수 없으며, 약은 살 수 있으나 건강은 살 수 없으며, 책은 살 수 있으나 두뇌는 살 수 없으며, 음식은 살 수 있으나 입맛은 살 수 없으며, 유흥은 살 수 있으나 행복은 살 수 없으며, 십자가는 살 수 있으나 구세주는 불가능하며, 교회는 지을 수 있으나 하늘나라는 불가능하다.

인간의 행복은 물질과 비례하지 않는다. 부자라 할지라도 옷은 한 벌을 입으며, 잠자는 집은 하나이며, 승용차도 하나면 된다. 그는 더 많이 가졌다는 만족감만 누릴 뿐 실제로 모든 부를 누리는 것은 아니다.

많은 사람들이 '어렵다, 힘들다.'라고 말한다. 우리 주변에 정말 어렵고 힘들게 사든 사람들이 있다. 이들이 여유롭고 풍성한 삶을 추구하는 것은 욕심이라고 말할 수 없다. 그러나 대다수의 사람들이 그 어느 때보다 잘 먹고, 잘 입고, 좋은 집에서 살고 있으면서도 만족하지 못한다.

그 이유는 무엇일까? 자신보다 더 높고, 더 잘 살고, 더 좋아 보이는 사람들의 삶을 들여다보며 자신과 비교하기 때문이다. '나는 왜 이렇게 재능도 없고, 돈도 없고, 부모 복도 없을까, 나는 왜 금수저로 태어나지 못했을까?'라고 생각하면 점점 자신이 초라해지고 불행하게 느껴진다.

이구동성으로 대한민국 역사상 가장 풍요로운 시대를 살고 있다고 말한다. 그러나 사람들은 만족하지 못한다. 행복하다고 말하지 않는다. 오히려 불평과 불만으로 가득하다. 여기저기서 더 나은 대우를 해 달라고 외친다.

샤를 와그너(Charles Wagner)는 그의 책 『단순한 삶』에서 1890년대 프랑스 사회의 모습을 이렇게 묘사했다.

치열한 생존 경쟁으로 적잖은 사람들이 잠을 설친다. 무리한 학업 계획이나 지나치게 복잡한 업무는 젊은이들의 인생을 망친다. 노동자 계층은 휴식 없는 산업 투쟁의 결과로 시달린다. 운영하는 일은 권위가 점점 사라지고 있다. 가르치는 일은 종중이 사라져서 점점 힘들어진다. 눈 돌리는 곳마다 불만을 토로할 일투성이다.

120여 년 전 프랑스 사회와 지금 우리 사회와 별 차이를 느낄 수 없다. 아담의 타락 이후 인간의 본성은 달라진 것이 없다. 예나 지금이나 인간은 근본적으로 만족할 줄 모르는 존재이다. 인간의 욕심은 끝이 없다.

지금 지구상의 9분의 1의 사람들이 더 이상 먹을 것이 없어서 숟가락을 내려놓고 있지만 우리는 너무 배불러서, 더 이상 먹을 수 없어서 숟가락을 내려놓고 있다. 성경은 우리에게 "먹을 것과 입을 것이 있은즉 족한 줄로 알 것이니라."(딤전 6:8)라고 자족하는 삶을 권면하고 있지만 사람들은 아랑곳하지 않고 계속 욕심을 부리고 있다.

이 시대의 최고의 가치는 더 크고 더 많은 것을 소유하는 것이다. 이 세상은 성도들에게까지 더 크고 더 많은 것을 추구하도록 부추기고 있다. 이러한 가치관을 가지면 욕심을 부리는 것이 전혀 이상하지 않다. 문제는 이 왜곡된 가치가 사람들의 생각을 지배하고 있는 한 사람들은 만족함을 누리지 못하고 늘 불만스러운 인생을 살 수 밖에 없다는 것이다.

이런 우화가 있다. 왕이 아침에 궁 밖으로 산책을 나갔다가 거지를 만나게 되었다. 왕은 불쌍하다는 생각으로 그에게 물었다. "그대가 원하는 것이 무엇인가?" 거지는 자기 동냥 그릇을 가리키면서 그 안에 돈을 가득 채워 달라고 말했다. 왕은 그의 소원을 들어 주었다. 그런데 그의 그릇은 돈을 담자마자 사라져버렸다. 심지어 왕궁에 있는 금은보화를 가져다 부어도 삼켜 버렸다.

결국 왕은 두 손을 번쩍 들고서 그 거지에게 물었다. "도대체 이

동냥 그릇은 무엇으로 만든 것이기에 아무리 채워도 끝이 없는가?" 그러자 거지는 말했다. "왕이시여, 이 그릇은 사람의 마음으로 만든 것입니다. 사람의 욕망으로 만들어진 것이지요."

사람의 탐욕은 밑 빠진 항아리와 같아서 채울 수 없다. "탐욕과 행복은 한 번도 만난 적이 없다."라는 옛말이 있다. 부귀영화를 다 누려보았던 솔로몬은 인생사를 논하면서 "은을 사랑하는 자는 은으로 만족하지 못하고 풍요를 사랑하는 자는 소득으로 만족하지 아니하나니 이것도 헛되도다."(전 5:10)라고 인간의 본성을 밝히고 있다.

로마 격언에는 "부귀라는 것은 바닷물과 같은 것이다."라는 말이 있다. 바닷물은 갈증을 없애주는 것이 아니라 마실수록 점점 더 갈증이 나게 한다. 사람들은 마음의 공허, 갈급함, 삶의 불만족을 해소하기 위해서는 더 많은 재물과 명예와 권력을 얻어야 한다고 생각한다. 그러나 그것은 목마르다고 바닷물을 퍼 마시는 것과 같다. 자신의 삶에 만족하며 사는 사람들이 얼마나 있을까?

록펠러(J. D. Rockefeller)는 33세에 백만장자가 되었고, 43세에 미국의 최고 부자가 되었고, 53세에 세계 최고 갑부가 되었다. 어느 날 타임지 기자가 록펠러에게 "당신은 현재 가지고 있는 부유함에 만족하십니까?"라고 질문을 했다. 그는 "아니요."라고 대답했다. 그 기자는 다시 물었다. "그렇다면 당신은 얼마만큼의 돈을 벌어야 만족할 수 있겠습니까?" 그때 록펠러는 "조금만 더"라는 대답을 했다. 세계 최고의 갑부가 되어도 현재에 만족하지 못한다는 사실을 보여주는 이야기이다.

록펠러뿐 아니라 누구나 마찬가지다. 인간은 자신의 소유에 만족하지 못한다. 도대체 얼마나 더 가져야 행복해질 수 있을지, 가지면 가질수록 혼란에 빠진다. 우리는 언제까지 이 끝없는 욕망으로 인해 괴로워해야 할까? 다 갖추었다고 행복한 것이 아니다. 욕심을 다스리지 못하는 인간은 결코 행복할 수 없다.

우선 문제를 인식할 수 있어야 한다. '나'라는 존재에 대하여 정확히 알아야 한다. 그리고 스스로 문제를 해결할 수 없는 자신에 대해 철저히 절망할 필요가 있다. 하나님 앞에서의 절망은 희망이다. 절망이 있을 때 비로소 비약이 가능하다.

chapter 5

자아를 비춰주는 거울

자본주의 사회에서 사람들의 탐욕은 무한대로 확장되고 있다. 끝이 보이지 않는다. 우리가 탐욕에 빠지지 않으려면 늘 자신의 내면을 살피며 의식적으로 살아야 한다. 왜냐하면 누구도 예외 없이 내적으로 좋은 것과 더불어 나쁜 것도 간직하고 있기 때문이다. 우리의 무의식 속에는 좋은 것 브다는 나쁜 것이 더 많이 잠재되어 있다. 그리스도인이라 할지라도 잠재된 나쁜 의식들이 솟구쳐 올라온다.

소녀들은 많은 시간을 거울을 보며 지낸다. 특히 사춘기 시절에는 남녀 할 것 없이 외모에 관심이 많아지게 되어 거울을 보는 시간이 늘어나게 된다. 그러다가 흰머리가 나고 주름이 생겨나면 거울을 보는 횟수는 현저히 줄어들게 된다. 만약 우리가 나이를 먹는 가운데 거울을 보지 않는다면 젊은 시절의 모습만을 상상하며 살 것이다. 그러나 거울은 우리의 모습을 있는 모습 그대로 비춰준다. 내가 웃으면 거울속의 나도 웃고 있고, 화를 내면 거울 속의 나도 화를 내고 있다.

사람들은 우리의 모습을 거짓되게 말해 줄 수 있지만 거울은 그대로 진실하게 보여준다. 만약 거울이 없다면 사람들은 자기 얼굴이 잘 생겼다고 생각할 것이다. 아니면 상대편 얼굴을 보며 자신의 얼굴을 상상할 것이다.

이전의 화가들은 자신의 얼굴을 그림 속에 표현했다. 벨라스케스의 『시녀들』(1656)이라는 작품을 보면 파레트를 들고 있는 벨라스케스가 나온다. 그는 등장인물들의 옆에 서서 어떻게 그들의 정면을 그릴 수 있었을까? 그림 속 인물들 앞에 커다란 거울이 놓여있고, 그 거울에 투영된 모습을 화가가 그려내는 구도를 상상할 수 있다.

화가는 거울을 통해 실내 안에 있는 사람들을 바라보고 있다. 여기서 화가가 바라보는 지점이 바로 우리 자신 즉 우리의 육체, 우리의 얼굴, 우리의 눈이 된다. 벨라스케스가 거울을 통해 자신의 작품을 그려 나갔듯이 우리는 거울을 통해 나를 본다. 거울은 우리의 자화상을 비춰준다.

그러나 거울은 우리의 깊은 속마음까지 비춰주지는 못한다. 도무지 알 수 없고 볼 수 없는 것이 마음이다. 그런데 그 마음을 비춰주는 거울이 있다. 그것은 바로 성경이다.

야고보서를 보면 "누구든지 말씀을 듣고 행하지 아니하면 그는 거울로 자기의 생긴 얼굴을 보는 사람과 같아서 제 자신을 보고 가서 그 모습이 어떠했는지를 곧 잊어버리거니와 자유롭게 하는 온전한 율법을 들여다보고 있는 자는 듣고 잊어버리는 자가 아니요 실천하는 자니 이 사람은 그 행하는 일에 복을 받으리라."(약 1:23-25)라고 말씀하고 있다. 거울과 같은 하나님의 말씀은 우리가 누구이며, 무엇을 가지고 있고, 또 그리스도 안에서 무엇을 할 수 있는지에 대한 진리를 밝혀준다.

성경은 사건이나 인간을 미화하지 않는다. 사실 그대로의 모습을 보여준다. 장명수 목사가 신학교 시절에 몰몬교에 있던 사람을 만난 적이 있다. 그는 그리스도인이 되었고, 그 이유 중의 하나가 성경의 적나라한 모습 때문이라고 했다. 성경은 폭력, 전쟁, 간음, 살인, 불륜, 배은망덕을 있는 그대로 드러내기 때문에 성경이라는 것이다. 성경은 그 책 자체를 미화하지 않는다. 그렇기 때문에 성경을 보면 인간의 본질과 실상이 보이는 것이다.

성경은 인간의 마음에 대하여 "만물보다 거짓되고 심히 부패한 것은 마음이라 누가 능히 이를 알리요."(렘 17:9)라고 했다. 누구도 자신의 마음을 알 수 없지만 하나님의 거울, 말씀 앞에 서면 마음의 부패함을 적나라하게 볼 수 있다.

어거스틴이 젊은 시절에 죄에 빠져 있을 때 그는 이웃집 뜰에서 아이들이 떠들며 "집어서 읽어라, 집어서 읽어라."라고 부르는 노래를 듣게 되었다. 그는 이 노래를 하나님의 음성으로 들었고 서재로 뛰어가 성경을 폈다. "낮에와 같이 단정히 행하고 방탕하거나 술 취하지 말며 음란하거나 호색하지 말며 다투거나 시기하지 말고"(롬 13:13)라는 구절이 눈에 들어왔다. 그 말씀이 광명한 빛으로 어거스틴의 마음을 비추었다. 이것은 그에게 성경이 옆에 있었기 때문에 가능한 일이었다. 그가 즉시로 성경을 폈다는 것은 변화되기 까지 성경을 가까이 했었음을 알 수 있다.

폭풍은 지나가고 은밀한 정적과 평화가 그의 온몸에 가득하게 되었다. 오랜 방황이 끝나는 순간이었다. 이 날은 세상의 명예와 재물과 육신의 정욕에 깊이 사로잡혔던 삶에서 놓여나는 날이었다. 386년 8월 늦은 여름, 이 날은 기독교의 역사를 바꾸어 놓은 어거스틴이 새로 태어난 날이었다.

자신의 마음을 모르는 사람은 자신의 선함으로 구원받을 수 있다고 자신만만해 한다. 그러므로 어거스틴은 "나를 선한 사람에게서 구원하여 주소서!"라고 하나님께 구하였다. 즉 그는 "나를 스스로 선한 줄 생각하는 나 자신의 마음에서 구원하여 주소서!"

라고 한 것이다.

자신을 알려면 마음속을 들여다 블 필요가 있다. 아마도 깜짝 놀라게 될 것이다. 우리도 과거를 회상하면 지워버리고 싶은 기억들이 많이 있어 당황하곤 한다. 그 기억만은 지워버리고 싶은 것이다. 앞서 '신앙에로의 초대'에서 언급한 허드슨 테일러나 프랜시스 쉐퍼와 같이 주의 일을 하기가 망설여지기도 한다.

인간의 마음이 심히 부패했다는 것은 인간의 마음이 죄로 인해 썩어 냄새나는 시궁창처럼 되어 있다는 것이다. 자신을 아무리 예쁘게 꾸미고 살아도 쓰레기 같은 본성이 건드려지면 온갖 더러운 것들과 악취가 올라온다. 그래서 사람들은 자신의 추한 마음속을 들여다보고 싶어 하지 않는다. 어쩌다 조금이라도 보이면 얼른 외면한다.

사람들은 본성을 숨기고 아름답게 포장한 삶을 자신의 삶인 것처럼 자랑한다. 이러한 심리는 SNS를 통해서 확인된다. 여행을 다녀오면 아름다운 장면만 골라서, 그것을 10배 정도 미화시켜서 올린다. 그러면 사람들이 공감 버튼을 누르고 칭찬한다. 가상공간에서 남에게 보여주기 위해 사는 것이 얼마나 허무한 줄 알면서도 칭찬에 중독되어 중단하지 못한다.

세 사람이 함께 여행을 하다가 길가에서 커다란 돈뭉치가 떨어져 있는 것을 발견했다. 그들은 다른 사람들이 눈치 못 채도록 숲

속으로 들어가 돈을 나눠 가졌다. 그 후 배가 고파지자 그들은 제일 어린 사람을 시켜 마을로 가서 음식을 사오도록 했다. 먹을 것을 사러 가던 사람이 욕심이 생겼다. 그래서 마을에 가서 독약을 사서 음식에 집어넣었다. 그리고 자기는 먹고 왔다고 하고, 그들을 죽인 후 돈을 몽땅 차지하려고 했다.

남아 있던 두 사람도 욕심이 났다. 그들은 짜고 어린 사람이 돌아오면 죽이고 그의 돈을 빼앗아 둘이 나눠 갖기로 했다. 그리하여 두 사람은 음식을 가져 온 사람을 칼로 찔러 죽이고 그 시체를 매장했다. 그리고 나서 그들은 독이 든 음식을 먹었고, 그들도 곧 죽고 말았다.

사람들의 마음속에는 잘못된 갈급함이 있다. 사람들은 그것을 세상 것으로 채우려고 욕심을 부린다. 성경은 "욕심이 잉태한즉 죄를 낳고 죄가 장성한즉 사망을 낳느니라."(약 1:15)라고 말한다. 우리는 욕심을 부리면 어떻게 되는지 그 끝을 기억하고 단호하게 욕심을 잘라낼 수 있어야 한다.

어느 프로 골퍼가 "꼬리를 잘라버림으로써 피해를 최소화하고 절명의 위기에서 벗어나 생명을 온전히 보존하는 도마뱀의 지혜는 골퍼들이 배워야 할 지혜이다."라는 교훈의 말을 했다. 골프는 전염성이 강해서 지난 홀의 치명적인 실수가 다음 홀로 전염되기 십상이어서 골퍼들은 실수에 대한 아쉬움을 떨쳐버리고 다음 홀에 서야 한다는 것이다.

우리도 맺고 끊음을 잘 해야 한다. 욕심뿐 아니라 어제의 실수와 실패에 연연해 고통의 나날을 이어가는 것이나, 닥치지도 않은 일을 미리 걱정해 스트레스를 받는 일, 놓쳐버린 기회를 두고두고 아쉬워하는 일, 좋았던 과거를 반추하며 오늘을 허송세월 하는 일들을 끊어버릴 수 있어야 한다.

거울을 자주 보는 사람의 얼굴과 외모가 반듯하듯이 성경의 거울을 자주 보는 사람의 영혼도 반듯해진다. "성경에 손때가 묻으면 마음이 깨끗하고 성경이 깨끗하면 마음이 더러워진다."라는 말이 있다. 성경에 손때가 묻은 만큼 그 사람의 영혼은 맑고 깨끗해진다.

하나님의 거울, 말씀을 자주 보는 습관이 필요하다. 성경을 읽는 가운데 하나님은 우리에게 필요한 말씀을 해 주신다. 우리가 성경을 읽는 것은 성경 지식을 얻으려는 것이 아니라 하나님의 말씀으로 나를 조명하려는 것이다.

chapter 6

죽음에서 발견하는 가치

요즘 사람들의 기대 수명이 점점 늘어나고 있다. 세계보건기구(WHO)의 '세계 건강 통계'에 따르면 2014년 태어난 한국 여성의 기대수명은 85.4세로 일본의 86.8세, 스페인의 85.5세에 이어 세계 3위로 나타났다. 사람들은 왜 오래 살려고 하는 것일까? 삶의 길이보다 중요한 것은 삶의 질이다. 사람들은 종종 '내가 헛살았다'라는 후회의 말을 하곤 한다. 우리는 살아온 세월보다 어떻게 살았느냐를 생각해야 한다.

어떤 사람이 홀로 중남미 50일 여행을 하고 『50년 여행 50일 인생』이라는 책을 썼다. 그는 이 책 뒤표지에 이런 글을 적었다. "여행은 인생 그 자체이다. 50년을 살아온 것이나, 가보고 싶었던 곳으로 50일 여행한 것이나 같다는 생각이다." 어떻게 이런 말을 할 수 있을까?

우리는 이 책의 저자를 만나서 대화해 본 적이 없지만 어렵지 않게 그의 심정을 헤아릴 수 있었다. 간절히 원하던 것, 그것이 무엇이든 자기 나름대로 최고의 가치를 발견하고 경험하면 그 나머지 것들은 시시해진다. 특별했던 50일 여행이 50년의 세월을 무색하게 만들었던 것 같다.

강원도 홍천 내면에 '사랑이 있는 마을'이라는 쉼터가 있다. 이곳에 김순이 할머니가 사셨다. 이분은 1898년에 태어나셨다. 6살에 할머니를 따라 절에 가서 입적을 하고 100년을 불교에 몸담고 살았다. 김순이 할머니의 외아들은 불교계에서 꽤 알려진 서울 근교 어느 사찰의 주지승이었다. 그렇기 때문에 기독교로의 개종은 누구도 상상할 수 없는 일이었다.

그런데 김순이 할머니가 106세 때에 사랑이 있는 마을에게 말기 환우들을 섬기던 안도현 목사의 전도를 받고 그리스도인이 되었다. 신앙 고백을 하고 세례를 받았다. 그러고 나서 "나는 한 살입니다."라고 고백했다. 또 한해를 보내고 나서는 "나는 두 살입니다."라고 고백했다. 분명한 거듭남의 체험이 있기에 할 수 있는 믿음의 고백이었다.

50년을 살아온 것이나, 가보고 싶었던 곳으로 50일 여행한 것이

나 같다는 생각이나 106세에 세례를 받고 한 살이라고 말하는 것
이나 맥락은 같다. 최고의 가치를 발견하고 경험한 사람들이 할
수 있는 말이다.

안도현 목사는 어떻게 불교에 깊이 몸담았던 김순이 할머니를
개종시킬 수 있었을까? 영원한 하늘의 소망으로 충만한 그의 삶
의 모습이 감동을 주었기 때문이었다. 인생을 달관한 듯 보이는
초연한 삶, 하나님의 사람처럼 보였던 그의 삶이 할머니의 마음을
열게 만들었다.

염두철 목사는 가깝게 지내는 안도현 목사를 만날 때마다 같은
목회자라도 영성의 차원이 다름을 느낀다고 말한다. 뭔가 남다르
게 사는 사람들에게는 자기 나름의 최고의 가치를 추구함으로 드
러나는 영성이 있다. 사람들은 그것이 뭔지는 모르지만 느낌으로
안다. 세상 것에 초연한 사람들에게서는 성스러움이 느껴진다.
우리는 무엇을 최고의 가치로 여기며 살 것인지 깊이 생각해 볼
필요가 있다.

이 책을 쓰던 중 우리는 안도현 목사가 사역하는 '사랑이 있는
마을'을 방문하여 그와 대화하는 시간을 가졌다. 그의 영성은 죽
음과 관련되어 있다. 그는 설교, 또는 강연할 수 있는 기회가 주어
지면 항상 빠짐없이 죽음을 언급하고 죽음을 인식하며 살도록 교
훈한다. 그가 이렇게 변하게 된 데는 특별한 계기가 있었다.

일산 신도시가 개발되고 있는 가운데 교회 없는 마을을 찾아 교회를 개척하고, 뮤지컬 팀을 통하여 복음을 전하면서 왕성하게 활동하던 때에 건강검진을 받으러 간 그는 느닷없이 폐암 선고를 받게 되었다. 이후 폐암이 사라지는 기적을 경험하기까지 그는 살았지만 죽은 자와 같이 지냈다. 죽음의 그늘 아래에서 인생이란 무엇인지, 그동안 자신이 무엇을 위해 살았는지, 삶과 죽음의 문제를 다시 생각하게 되었다.

그는 『삶과 죽음 이야기』에서 "죽음에 가장 가까이 가 봄으로 무엇이 삶을 삶답게 하는지 알게 되었다. 그것은 바로 죽음이었다. 죽음에 대한 올바른 인식은 삶의 최고의 가치를 추구하게 한다."라고 말했다. 그는 잘 죽을 준비를 하므로 잘 살 수 있게 되었다. 죽음을 대면하면 죽음 너머의 영원한 세계를 바라보게 된다. 영원 앞에서 이 세상의 삶은 허무할 수밖에 없다. 따라서 죽음에 대한 묵상은 자연스럽게 최고의 가치를 추구하게 한다. 영성이 최고의 가치를 추구하는 것이라면 죽음은 영성의 근원이라고 할 수 있다.

인간은 죽음에 대한 건망증을 가지는 순간 인생에 대한 환상으로 가득 차게 된다. 그러나 죽음을 생각하면 무가치한 것들이 드러난다. 무엇이 영원한 것이고 목숨까지 바쳐 추구해야 할 것인지 알게 된다. 순교는 이런 차원이 아니면 이해하기 어렵다. 기독교

최초의 순교자 스데반을 생각해 보라.

사도행전에서 바울의 이야기는 9장부터 시작된다. 바울이 회심하게 된 것은 다메섹에서 부활하신 예수 그리스도를 만난 것이 결정적인 계기였지만 그 이전에 바울의 마음을 흔들어 놓는 사건이 있었다. 그것은 스데반 집사의 죽음이었다. 사도행전을 보면 그의 마지막 모습을 이렇게 전하고 있다.

"성 밖으로 내치고 돌로 칠 새 증인들이 옷을 벗어 사울이라 하는 청년의 발 앞에 두니라 그들이 돌로 스데반을 치니 스데반이 부르짖어 이르되 주 예수여 내 영혼을 받으시옵소서 하고 무릎을 꿇고 크게 불러 이르되 주여 이 죄를 그들에게 돌리지 마옵소서 이 말을 하고 자니라"(행 7:58-60).

여기에 등장하는 사울은 바울을 말한다. 바울은 헬라어 이름이고, 사울은 히브리어 이름이다. 바울은 스데반 집사가 죽었을 때 그의 죽음이 마땅한 일이라고 생각했다. 그러나 바울이 스데반의 죽음을 지켜보았을 때 적지 않은 충격을 받았을 것으로 짐작해 볼 수 있다. 왜냐하면 스데반이 공회에 섰을 때 그의 얼굴이 천사의 얼굴과 같았던 신비한 모습이나(행 6:15), 박해를 받으면서도 의연하게 받아들이고 기도하면서 잠자듯 가는 모습을 스데반이 보여 주었기 때문이다.

그러나 사도행전은 그 비밀을 밝히고 있다. "스데반이 성령충만

하여 하늘을 우러러 주목하여 하나님의 영광과 및 예수께서 하나
님의 우편에 서신 것을 보고 말하되 보라 하늘이 열리고 인자가
하나님의 우편에 서신 것을 보노라"(행 7:55, 56). 스데반은 예수
님께서 하나님의 우편에 서신 것을 보았다. 당시에 바울은 스데반
의 이 외침을 이해할 수 없었을 것이다. 그러나 나중에 예수님을
만난 바울은 스데반의 죽음을 이해할 수 있게 되었다.

바울은 그리스도를 발견한 이후 삶의 가치관이 180도 달라졌
다. 그리스도를 알아갈수록 그는 그리스도만을 바라보고, 그리스
도가 계신 저 높은 곳만 바라보게 되었다. 바울이 골로새 교인들
에게 "너희가 그리스도와 함께 다시 살리심을 받았으면 위의 것을
찾으라 거기는 그리스도께서 하나님 우편에 앉아 계시느니라."
(골 3:1)라고 말한 것은 예수 그리스도를 인생의 목적으로 삼으라
는 것이다.

오직 그리스도만을 추구하는 높은 영성은 죽음을 대면하면서
영원을 생각할 때 시작된다. 우리는 파스칼(Blaise Pascal)의 회심
경험에서도 이 사실을 발견할 수 있다.

파스칼은 열두 살쯤 되었을 때 유클리드 수학을 섭렵하고, 열여
섯 살 때에는 '원추 곡선론'을 발표하여 세계를 놀라게 했다. 그의
확률 이론은 세계 수학사에 새 장을 열었다. 이 천재 앞에서 온 유
럽이 경탄을 했다. 유럽의 사교계에서는 파스칼과 이야기를 해보

는 것이 귀부인들 사이에 화제가 될 정도였고, 또 공주나 왕자들마저도 파스칼과 악수를 해보는 것이 관심거리가 될 정도로 파스칼은 온 유럽의 총애를 받는 천재였다.

그가 어느 날 사교 파티의 주빈으로 참석했다. 술에 거나하게 취해 마차를 타고 귀가하는데 바퀴 하나가 세느 강 다리에 부딪혀서 부러졌다. 마차는 크게 부서졌고 마차 밑에 갈렸던 파스칼은 겨우 몸을 빼내 간신히 살아나올 수 있었다. 그의 눈앞에는 세느 강이 유유히 흘러가고 있었다.

그는 그 강물을 바라보며 영원을 생각했다. '파스칼아, 도대체 죽음 앞에서 너는 무엇이냐? 죽음 앞에서 네가 천재라는 것이 무슨 소용이 있느냐?' 그는 죽음 앞에 선 자신의 모습을 생각해 보았다. 영원을 바라보며 남은 생애를 어떻게 살아야 할 것을 생각하면서 밤새 잠을 이루지 못하고 깊이 신음하며 밤을 지새웠다.

그는 너무 괴로워 술에 취하면 낫겠거니 하고 술을 마셨지만 과거처럼 술에 취할 수 없었다. 많은 여인들이 그의 옆에 다가와 미소를 보냈지만 그의 마음은 위로받을 수 없었다. 이렇게 파스칼이 고통스러워하며 수척해지고 있을 때 수녀원에 있던 그의 누나가 소식을 듣고 사랑하는 동생을 만나러 먼 길을 찾아와서 그에게 예수 그리스도를 전했다.

그는 예수 그리스도를 믿고 나서 이렇게 고백했다. "모든 사람들의 마음속에는 이 세상 무엇으로도 채울 수 없는 큰 공허가 있다. 그 공허는 주님께서 찾아오시기 전에는 어느 것으로도 채워지지 않는다.”

파스칼은 죽음 앞에서 영원을 생각했고 그리스도를 만났고 그의 공허가 채워졌다. 이런 점에서 죽음의 영성은 채움의 영성이라고 할 수 있다.

사람들은 의식적으로 죽음에 대한 생각이나 대화를 회피한다. 그러나 삶과 죽음은 같이 가는 것이다. 독일 실존주의 철학자 하이데거(Martin Heidegger)는 “죽음이란 인간을 방문하는 하나의 사건이 아니라 인간이 태어날 때부터 한 평생 동행하는 것이다.”라고 말했다. 삶과 죽음은 동전의 양면과 같다. 우리가 산다는 것을 역설적으로 말하면 죽어가는 것이다. 삶만을 생각하거나 죽음만을 생각하는 것은 잘못된 균형을 지닌 것이다.

예수 그리스도는 인간의 한계를 지적하셨다. 그런 다음에 그 한계를 초월한 삶을 말씀하셨다. 인간에게 죽음의 영성이 중요한 것은 인생의 참 모습을 발견하게 하고 의미 있는 삶을 살게 하기 때문이다. 삶과 죽음은 함께 가는 것이다. 평상시의 삶과 죽음 앞에서의 삶이 똑같은 사람이야말로 지혜롭고 행복한 사람이다.

죽음은 삶의 가치를 발견하도록 함으로써 삶에 활력을 불어 넣는다. 그런데 한국 교회 성경공부와 제자훈련 교재를 살펴보면 영혼구원과 지상명령에만 초점이 맞추어져 있음을 발견할 수 있다. 이것은 전도의 영성이다. 만약 이 주장이 맞는다면 모든 그리스도 인은 전도자가 되어야 하고, 선교사로 나가야 한다. 그러면 이 세 상은 누가 책임지겠는가?

죽음의 영성이 한 분야이고, 거룩한 삶의 영성도 한 분야인 것 처럼, 영혼구원의 영성도 한 분야인 것을 알아야 한다. 그리스도 인의 영성에는 이 외에도 성화, 가난, 사업, 젊은이, 정치, 경제, 문화, 사회 등에서 펼쳐야 할 다양한 영성이 있다. 죽음의 재발견 은 이 모든 분야를 의미 있게 만들어 주는 역할을 한다.

또한 죽음은 우리를 종말의 상황에 직면하게 한다. 종말은 세상 종말과 실존적 종말이 있다. 세상 종말의 때는 하나님만이 아신다 (마 24:36). 그러나 인간 개개인의 종말은 죽음으로 다가온다. 이 것이 실존적 종말이다.

이러한 실존적 종말은 우리의 삶이 어떠해야 하는지를 생각하 게 해 준다. 제임스 케네디(James Kennedy)가 전도할 때 가장 먼 저 "만일 당신이 오늘 죽는다면 천국에 갈 수 있다고 확신할 수 있 는 영적 단계에 도달하셨습니까?"라고 질문한 것은 우리가 살았 던 행적이 하나님 앞에서 심판을 받기 때문이다(마 25:31-46). 그 러므로 인간은 죽음과 심판 앞에서 그리스도의 은혜를 더욱 바라 보아야 할 존재들이다.

채움의 영성

우리의 신앙생활이 채움으로 시작된다면 어떻게 채움을 경험할 수 있을까? 그것은 기도를 통해 이루어진다. 신앙생활 초기의 예배가 하나님 말씀을 들으며 예수님에 대한 신뢰를 강화시켜 나가는 것이라면, 신앙생활 초기의 기도는 예수님에 대한 소문을 듣고 예수님께 자신의 필요를 말씀드리는 것이다.

기도는 하나님을 만나는 직접적 통로이다. 하나님은 기도를 통해 만나주셨고, 예수님은 제자훈련 시 기도의 본을 많이 보여 주시면서 십자가를 지시기 전에 이제는 내 이름으로 하나님께 기도하라고 가르치셨다. 그리고 제자들은 기도를 통해 오순절 성령강림을 경험하였다. 제자들이 주님의 일을 할 때 성령의 능력과 표적으로 할 수 있었던 것도 기도를 통해서였다. 그러므로 신앙생활에 있어서 기도는 핵심이라고 말할 수 있다.

어린아이가 성장하는 과정에서 말은 매우 중요하다. 처음에는 부모와 눈을 맞추지만 옹알이를 시작하며 말을 배운다. 말이 통하지 않을 때는 울음으로 자신의 필요를 알린다. 그러나 말을 배운 후부터는 말로 자신을 표현하게 된다.

우리가 하나님을 만나서 해야 할 우선적인 일은 하나님과 말로 대화하는 것이다. 이것이 기도이다. 사람에게는 하지 못할 말이 있고 비밀이 있지만 하나님께는 비밀이 필요 없고 사소한 것까지 다 말씀드릴 수 있다.

채움의 신앙에서 기도는 나의 모든 것, 나의 간절한 필요를 예수님께 말씀드리는 것이다. 우리는 기도로 예수님을 만날 수 있고, 기도를 통해 소문을 사실로 확인하며 채움을 경험하게 된다.

하나님의 채움을 경험하기 위해서 우리가 먼저 관심을 가져야 할 대상은 하나님이시다. 우리는 나의 상태를 보지 말고 하나님께 집중해야 한다. 가장 훌륭한 신앙생활 도서는 하나님에게 관심을 갖게 만드는 것이다. 그리고 신학 서적이 아니라 기도를 통해서 우리는 하나님을 만나게 된다.

인도의 선다 싱은 시크교도였으나 그는 시크교에서 진리를 찾지 못했다. 참 신을 찾지 못하면 죽고 말겠다는 결심을 한 그는 3

일 동안 금식하며 골방에서 결사적으로 부르짖었다. "신이여! 만일 당신께서 살아계신다면 저를 만나주소서!"

그때 라호라로 가는 밤 열차가 기적을 울리며 지나갔다. 다음 열차는 다음날 오전 5시 급행열차였다. "신이여! 만일 내일 오전 5시 급행열차가 지나가기 전까지 나타나주시지 않으시면 달리는 열차에 몸을 던져 죽겠습니다."

선다 싱은 목욕을 하고는 다시 골방에 들어가서 기도했다. 다음날 아침 급행열차 시간까지 그는 밤새워 신을 찾아 간구했다. 이윽고 새벽이 되었을 때 방문 쪽에서 환한 빛이 비치며 흰 옷 입은 사람이 나타났다. 그의 머리에는 가시관이 씌워져 있고 양손에는 피가 흐르고 있었다. "선다야! 나는 너를 구원하러 왔다. 너는 바른 길을 찾고 있구나. 내가 곧 길이니라." "신이여! 누구십니까?" "나사렛 예수다." 선다 싱은 간절한 기도를 통해 참 신이신 예수 그리스도를 만났다.

하나님은 우리에게 말씀하신다. "너희가 내게 부르짖으며 내게 와서 기도하면 내가 너희의 기도를 들을 것이요 너희가 온 마음으로 나를 구하면 나를 찾을 것이요 나를 만나리라"(렘 29:12, 13). 주님을 만나려면 꼭 만나고 말겠다는 간절함, 열망이 있어야 한다.

종종 길거리에서 지나가는 사람들에게 전도지를 나눠주면서 예수 믿으라고 말하는 전도자들을 볼 수 있다. 그러나 우리는 예수

님을 믿으라고 강요하기보다는 은혜를 구해 보라고 말한다. 우리
의 신앙에로의 초대는 예수님께 말씀드려 보라는 것이다.

인생은 어렵다. 갖가지 문제들로 가득 차 있다. 그런데 인간은
혼자 그 모든 문제를 감당하기에는 너무나도 연약한 존재다. 예수
님은 우리에게 쉼을 주시려고 우리를 초대하셨다. 그 예수님께 이
세상의 염려, 근심, 가난, 질병, 죄, 나만이 가지고 있는 특별한 문
제를 말씀드려 보라. 예수님이 주시는 은혜는 다양하다. 이때의
기도는 간구하는 것이다. 자신의 갈급함을 예수님께 아뢰고, 나를
도와 달라고 구하는 것이다.

왜 기도해야 하는가? 하나님께서 기도를 통해 우리를 만나 주시
겠다고 말씀하셨기 때문이다. 우리가 은혜 받는 길은 기도에 있
다. 하나님은 말씀하신다. "그가 나를 사랑한즉 내가 그를 건지리
라 그가 내 이름을 안즉 내가 그를 높이리라 그가 내게 간구하리
니 내가 그에게 응답하리라 그들이 환난 당할 때에 내가 그와 함
께 하여 그를 건지고 영화롭게 하리라"(시 91:14, 15).

우리는 고등학교 시절에 함께 여의도순복음교회를 다니면서 채
움을 위한 기도를 배웠다. 우리는 여의도순복음교회 교인들이 채
움을 위한 기도를 가장 잘 한다고 생각한다. 그들은 예배를 드리
기 위해 자리에 앉자마다 기도하기 시작한다. 그들은 채움을 위한
갈망과 예수님께서 도와주실 것이라는 믿음을 가지고 기도한다.

하나님은 시위대 뜰에 갇힌 예레미야에게 "너는 내게 부르짖으라 내가 네게 응답하겠고"(렘 33:3)라고 말씀하셨다. 기도하지 않으면 하나님은 움직이지 않으신다. 하나님은 기도하는 자에게 은혜를 베풀어 주신다.

기도의 사람 다윗은 항상 "하나님, 어떻게 할까요?"라고 물었고 (삼상 23:2, 4; 삼하 5:19) 응답대로 행함으로 늘 승리하는 삶을 살았다(삼하 8:6, 14). 우리는 위기 앞에서 자신의 명철을 의지하지 말고 하나님께 물어보아야 한다.

예수님은 제자들에게 말씀하셨다. "내 이름으로 무엇이든지 내게 구하면 내가 행하리라"(요 14:14). 기도는 채움을 받기 위한 중요한 통로이고 도구이다. 그러므로 채움의 영성은 곧 기도의 영성이라고 할 수 있다.

러시아 침례교회를 방문한 적이 있다. 작고 평화로운 교회였다. 러시아 교회는 간판이 없다. 단지 교회 입구에 '기도의 집'이라고 쓰여 있었다. 매우 인상적인 문구였다. 예배당의 용도를 가장 잘 표현하고 있었다.

당신은 성전이 무엇을 하는 곳이라고 생각하는가? 무엇보다도 성전은 하나님께 기도하는 곳이다. 성전에 하나님이 거하심을 알고 하나님과 대화하는 장소라고 인식하는 것이 중요하다. 예수님은 성전을 기도의 집이 아니라 강도의 소굴로 만든 사람들을 질책

하셨다(마 21:13). 성전은 고래로부터 기도하는 집이라는 전통이 있다(사 56:7). 인간은 기도를 통해 하나님을 만나게 된다.

장명수 목사는 초등학교 때부터 몸이 약했으며, 중학교 시절에는 체육시간에 교실을 지켜야 했다. 하나님께 자신의 약함을 기도했고 그 결과 하나님께서 치료해 주셔서 고등학교 때부터는 건강을 회복했다. 예수님께 구함으로 은혜를 받은 것이다. 고등학교 3학년 말에는 폐결핵으로 고생했고 인간의 한계성을 경험하면서 의미 있는 삶을 살고자 신학교로 가게 되었다.

예수님은 기도하는 사람에게 은혜를 충만하게 채워주신다. 가나안 여인이 귀신들린 딸을 고치고자 예수님께 나아갔을 때 "자녀의 떡을 취하여 개들에게 던짐이 마땅하지 아니하니라."라는 말씀을 들었지만 "주여 옳소이다마는 개들도 제 주인의 상에서 떨어지는 부스러기를 먹나이다."라고 겸손히 대답하여 소원을 이룰 수 있었다(마 15:26-28).

하나님 앞에서는 자존심을 세울 필요가 없다. 가나안 여인처럼 자존심 버리고 어린아이 같은 마음을 가지고 구해야 한다. 질병뿐만 아니라 그 어떤 것이든 구하면 주님께서 은혜를 체험하게 해주실 것이다. 채움의 영성은 예수님의 이름으로 하나님께 간구하는 기도와 관련되어 있다.

Tip. 채움을 위한 찬송과 말씀

✳ 찬송으로 드리는 채움 기도

272장(고통의 멍에 벗으려고)

337장(내 모든 시험 무거운 짐을)

280장(천부여 의지 없어서)

✳ 묵상의 말씀

"사람들이 귀신들린 자를 예수께 오거늘"(마 12:22).

"사람들이 중풍병자를 데리고 오거늘"(마 9:2).

"큰 무리가 병자들을 데리고 와서"(마 15:30).

"한 백부장이 나아와 간구하여 가로되"(마 8:5).

"가나안 여자가 소리 질러 이르되"(마 15:22).

"두 맹인이 소리 질러 이르되"(마 20:30).

"열 두 해를 혈루증으로 앓던 여인이 예수 옷에 손을 대거늘"(마 9:20).

✳ 시편의 기도들

시 27:7; 31:9; 41:4; 42:1; 69:17; 86:3; 121:1; 142:1; 145:18.

Part 2

비움의 신앙생활

"나를 따라오라 내가 너희를 사람을 낚는 어부가
되게 하리라 하시니 그들이 곧 그물을
두고 예수님을 따르니라"(마 4:19, 20).

오직 은혜로 가능한 비움

채움은 비움을 가능하게 해 준다. '신비'에서 '수덕'으로 전환된다. 수동적 상태에서 능동적 상태가 된다. "그런즉 누구든지 그리스도 안에 있으면 새로운 피조물이라. 이전 것은 지나갔으니 보라 새 것이 되었도다."(고후 5:17)라는 말씀이 실현된다. 변화된 그리스도인은 능동적으로 새로운 피조물로 살아야 한다.

오늘날 한국 개신교의 개혁은 이 부분에서 시작되어야 한다고 본다. 왜냐하면 한국 기독교의 영성은 천국에 소망을 두는 것에 집중되어 있기 때문이다. 한국 교회가 집중하고 있는 성경 공부와 제자 훈련의 내용을 보면 대부분이 전도에 초점이 맞추어져 있다. 전도만이 유일한 목표이고, 최고의 가치인 것처럼 말한다. 그 결과 전도를 못하는 성도는 늘 죄책감에 사로잡혀 살게 된다.

오해하지는 말라. 우리는 선교학 전공자로서 한 사람은 전도 특공대 훈련을 담당하기도 했고, 또 한 사람은 러시아에서 7년 동안 선교사 생활을 하기도 했다. 우리의 의도는 선교나 전도를 무시하려는 것이 아니다. 다만 어느 한쪽으로의 치우침을 지적하고 신앙생활의 불균형을 바로잡으려는 것이다.

어느 교회는 모든 교인이 선교사로 나가기를 희망한다. 예수님도 열 두 제자로 만족해야 하셨는데 그렇게 많은 선교사를 배출하려는 것은 욕심에 불과하다. 이제는 선교사 숫자가가 아니라 선교사 질이 문제가 되고 있는 오늘의 상황에서 목표를 잘못 정한 것이다.

제자훈련은 어떤가? 이것도 전도가 중심이다. 전도를 위해 모든 것을 헌신하는 것이 제자라고 말한다. 사복음서에 나오는 제자들처럼 모든 것을 포기하라고 가르친다. 그러나 실제로 성도들의 제자화는 이루어지지 않고 있다. 제자화를 전도에만 목표를 두게 하므로 예수 그리스도를 닮는 일에 신경을 쓰지 못하기 때문이다. 그 결과 제자훈련은 영혼구원과 사회생활을 분리시키고 말았다.

신앙생활과 사회생활이 구분되다 보니 세상에서 살아가는 성도들은 정신분열까지는 아니어도 신경증 상태에 있는 듯 보인다. 이 땅에 발을 딛고 살아야 하는데 공중에 떠서 살게 된다. 이런 사람의 가족이나 주변 사람들은 현실 세계의 사람처럼 느껴지지 않아 상대하고 싶은 마음이 들지 않는다.

목회 초기에 예배 후 교인들끼리 나누는 대화를 들으면서 그 내용이 유치해서 웃을 때가 많았다. 교인들의 대화의 대부분은 자녀, 남편, 돈, 세상 근심으로 가득 차 있었기 때문이었다. 그런데 어느 날 이것이 우리 인간의 삶이고 실상이라는 깨달음을 얻으면서 현실을 외면하고 복음전도라는 이상만을 외친 것을 반성하게 되었다.

존 웨슬리(John Wesley)가 그리스도인들을 하늘을 향해 가는 도상의 존재들이라고 말한 적이 있다. 우리는 한 동안 오해했다. 오직 천국에만 초점을 맞추어 이 세상에서의 삶을 무가치한 것으로 치부해 버렸다. 그러나 시간이 흐른 후 잘못 이해했음을 알게 되었다. 웨슬리는 하늘가는 길이 예수 그리스도를 통하여 구원 받은 이후 이미 이 세상에서 시작된 것임을 말했던 것이다. 나는 그리스도인으로 현재 하늘가는 길을 걷고 있는 것이다. 그래서 현재의 삶은 소중하다.

그런데 많은 사람들이 미래적 천국만을 말한다. 전도를 할 때도 죽음 이후의 영생에만 초점을 맞춘다. 그 결과 사람들이 예수를 영접하면 더 이상 할 일이 없어진다. 예수 믿고 구원 받으면 다 끝난 것인가? 내가 예수 믿었으니 다른 사람도 믿게 하는 것이 전부인가? 나의 정체성이 구원받은 것으로 결정되는가?

신앙생활에서 구원은 시작에 불과하다. 구원받은 이후 어떻게 그리스도인으로 사느냐가 중요하다. 날마다 예수 그리스도와 함께 살아가는 삶으로 나가야 한다. 지금 여기(here and now)에서 그리스도인의 삶을 살아야 한다.

구약 성경에 나오는 기원전 8세기 예언자(선지자)들은 영적생활은 곧 사회생활과 관련된 것임을 지적했다. 그런데 우리는 교회생활과 사회생활을 구분하곤 한다. 교회생활은 거룩한 것이고 사회생활은 세속적인 것이라고 치부한다.

그러나 이사야 예언자는 사회생활을 악하게 하는 이가 성전에 나와 무수한 제물을 바치는 것은 하나님과 아무 관련이 없다고 말한다. 그래서 "(너희는) 선행을 배우며 정의를 구하며 학대 받는 자를 도와주며 고아를 위하여 신원하며 과부를 위하여 변호하라."(사 1:17)라고 말한다. 미가 예언자도 하나님께로 나갈 때 수많은 재물 보다는 정의로운 삶을 살며, 사람들을 사랑하며, 하나님 앞에서의 겸손한 삶을 하나님께서 원하신다고 말한다(미 6:8).

그리스도인들의 신앙생활은 신비에서 시작되지만, 그 이후로는 수덕적 신앙생활로 전환 되어 은혜를 받은 자로서의 삶을 사는 것이다. 우리는 영구적으로 신비에만 머물 수 없다. 우리는 '변화산'에서 내려와야 한다.

베드로, 야고보, 요한은 변화 산에 머무르고 싶었다. 그들은 하나님의 영광이 나타난 이곳에 머물러 있고 싶었다. 베드로는 "주여 우리가 여기 있는 것이 좋사오니 우리가 초막 셋을 짓되 하나는 주를 위하여, 하나는 모세를 위하여, 하나는 엘리야를 위하여 하나이다."(마 17:4)라고 했다. 그러나 그리스도는 초막을 거부하고 그들을 세상으로 데리고 가셨다. 교회의 진정한 정체성은 세상을 변화시키는데 있다.

동방정교회 그리스도인들이 신화(神化, deification)를 신앙생활의 목표로 추구해 나갔는데, 우리의 신앙생활의 목표는 교회 안에 뿐만 아니라 세상을 향해 나가 빛과 소금의 역할을 해 나가는 것이어야 한다. 그것을 성화(聖化, sanctification)라고 말한다. 성화는 개인 성화와 사회 성화가 있다. 개인 성화는 개인적 삶에서 일어나는 것이고, 사회 성화는 사회적 생활에서 일어나는 것이다.

그런데 이와 같은 수덕적 신앙생활을 하면서도 결국에 신비적 고백을 하게 된다. 왜냐하면 능동적 신앙생활은 나의 수덕만으로 이루어진 것이 아니라 그리스도의 채우심으로 가능해진 일이었기 때문이다. 그래서 모든 영광을 하나님께 돌리는 것이다.

바울은 "나의 나 된 것은 하나님의 은혜로 된 것이니 내게 주신 그의 은혜가 헛되지 아니하여 내가 모든 사도보다 더 많이 수고하였으나 내가 아니요 오직 나와 함께 하신 하나님의 은혜로다."(고전 15:10)라고 고백했다.

사람들은 하나님의 은혜를 알고 그 은혜를 헛되이 하지 않기 위해서 수고한다. 그러나 수고의 결과에 대해서 종종 하나님께 영광을 돌리지 못하고 나의 노력의 결과로 생각하며 나를 드러내고 교만해할 때가 있다. 어떤 결과에 대해 "저 것은 내가 했다."라고 생각한다면 이는 벌써 교만에 사로잡힌 것이다. 하나님 앞에서는 내가 있을 수 없다.

20세기 최고의 전도자였던 빌리 그레이엄은 그의 자서전에서 "늘 하는 이야기지만 천국에 가면 맨 먼저 이것부터 묻고 싶습니다. 주님, 왜 저입니까? 왜 하필 노스캐롤라이나의 시골 소년을 택하여 그렇게 많은 사람들에게 설교하게 하시고 그렇게 놀라운 동역 팀에 속하게 하시며 20세기 후반에 주님이 하신 일의 한 부분을 삼으셨습니까?" 그러면서 빌리 그레이엄은 "이런 의문이 수없이 많이 들었지만 내가 알 수 있는 것은 오직 하나님만이 그 답을 아신다는 사실입니다."라고 고백했다.

그리스도인은 모든 영광을 하나님께 돌리는 사람이다. 능동적 행위에서 수동적 자세를 취하는 것에 신앙의 본질이 있다. 그리스도인의 업적은 그리스도의 은혜로 시작된 것이고 그리스도의 은혜로 완성된 것이다. 우리가 한 모든 일은 크든 작든 하나님께서 힘 주서서 이루신 것이다. 기독교가 들어온 지 132년을 보낸 지금 그리스도인의 성공과 교회의 위상으로 수많은 업적들이 이루어졌다. 이것이 자랑거리가 되고, 의가 되고, 바벨탑이 되지 않기 위해서 나의 능동적 행위에 수동적 신앙이 필요하다.

선교지에서 교회가 성장하게 되면 선교 교회와 피선교 교회와의 문제가 야기된다. 선교 교회는 어느 단계에서 피선교 교회를 독립시켜야 한다. 이 과정에서 선교사는 마음이 복잡해진다. 선교사는 자신이 필수적인 존재요 피선교 교회는 미성숙한 존재라고 생각하기 쉽다. 떠나느냐 머물러 있느냐 하는 것이 전적으로 자신의 결정에 달렸을 때 그는 실제로 머물러 있고자 하는 유혹을 받게 된다.

이때 선교사는 모든 것을 내려놓고 마음을 비울 수 있어야 한다. 장명수 목사는 1994년 10월 1일 러시아 선교사로 출발했다. 주일이 되어 예배 장소로 갔다. 슈콜라(학교) 교실 한 칸을 빌려 예배 장소로 사용하고 있었다. 어른 세 사람과 어린이들 10여 명이 모여 있었다. 한국에서 설명 듣기로는 4)여 명이 있다고 했는데 상황은 개척과 다름이 없었다.

주일 예배를 마치고 돌아올 때는 더 자신감이 사라졌다. 3개월을 마음을 놓은 채 보냈다. 이런 장 목사의 모습을 보신 하나님은 용기를 주셨고, 사람들을 보내 주셨다. 예배 장소도 슈콜라 강당으로 옮겼다. 6개월이 되었을 때 50여 명이 예배를 드렸다. 하나님은 사람들을 계속 보내 주셨다. 연말이 되었을 때 100여 명으로 늘어났다. 기적과 같은 일이었다.

선교지에서 일대일 제자훈련을 시작했다. 제자훈련을 통하여 평신도 일군들이 배출되었고, 훌륭한 통역사가 나왔다. 단기 선교를 계획한 나에게 통역사는 매우 중요한 존재였다. 나의 설교는 통역사를 통하여 전달되기 때문에 그들은 선교사 이상의 존재이다. 제자훈련은 또 다른 열매를 가져다주었는데, 3명의 전도사들이 배출되었다.

교회 장소를 극장으로 옮기면서 교인 수가 50여 명으로 줄어들었고 침체되기 시작했다. 슈콜라 강당에 비교해 보면 난방이 잘 안되어 추웠고, 극장이라서 분위기도 어수선했다. 여기에서 자연스럽게 나온 기도가 예배당 건축이었다. 특히 고려인을 생각하면 중앙아시아에서 나그네로 살던 그들이 연해주로 건너와서 예배도 나그네로 드리는 것이 너무 마음이 아파 성전건축을 위해 기도하기 시작했다.

하나님은 후원교회를 통하여 헌금을 보내 주셨다. 예배당 건축의 필요를 1월에 한국에 나가서 설교하고 들어왔는데, 1억이 넘는 헌금이 걷혔다는 소식을 듣게 되었다. 후원 교회도 건축이 끝난 지 얼마 안 되고, 교인 수도 약 200명 정도이고 가난한 지역이기 때문에 기대를 안 했는데 옥합을 깨뜨린 성도들로 인하여 예배당을 건축할 수 있게 된 것이다.

유치원 2층 건물을 구입하여, 1층은 교육관(70평), 2층은 예배당(35평)과 식당(35평)으로 개조하여 봉헌하였고, 그 모든 것을 현지인들에게 넘겨주었다. 장 목사는 러시아에서의 7년 사역을 마치고 본국으로 되돌아 왔다.

이렇게 할 수 있었던 것은 러시아 선교 사역의 모든 것을 하나님께서 하셨음을 알았기 때문이다. 나의 선교 사역은 능동적 행동이었지만 결과적으로 모든 것을 하나님께서 하셨기 때문에 수동적 자세를 취하게 된다. 나는 종으로서 해야 할 일을 했을 뿐이다.

그리스도 안에서의 우리의 일생은 시작에서부터 과정 그리고 마지막 순간까지 모두 하나님의 은혜로 이루어진다. 하나님의 은혜는 순간순간 깨달아지지는 않는다. 그러나 우리가 지나온 날들을 뒤돌아보면 역사하신 하나님의 손길이 보이고 놀라운 은혜가 깨달아지는 것이다.

chapter 9

저절로 비워지는 순간

영국의 전성기 시절, 아프리카에서 영국의 무역선 하나가 영국 해협에 거의 다 와서 그 해협 근처에서 조난을 당했다. 파선한 무역선의 구조요청을 받은 영국은 구조선을 보냈지만 파도가 높아 접근하지 못하자 배에서 뛰어 내려 로프를 잡고 구조선까지 오라고 했다.

무역선에 탄 사람들 중 어떤 이들은 그 구조선을 향하여 헤엄을 쳤고, 또 어떤 이들은 그 로프를 붙잡고 구조선까지 와서 살았다. 그런데 많은 사람들이 죽었다. 이 사람들 가운데 어떤 사람들은 수영을 못하거나 미처 그 로프를 못 잡아서 죽기도 했지만 진짜 이유는 다른 데 있었다.

그 배에는 많은 양의 금괴들이 실려 있었는데, 사람들은 그 금이 아까워 허리에다 금을 차고 내리다가 그 무게 때문에 모두 빠져 죽은 것이었다. 사람들은 생사가 오락가락하는 순간에도 욕심을 버리지 못했다.

사람은 본성적으로 비울 수 있는 존재가 못 된다. 그런데 비우려고 하지 않아도 비워질 때가 있다. 이 놀라운 비움의 비밀을 발견하고 경험한 사람이 사도 바울이다.

바울은 예수님을 만나 변화된 자신의 삶을 이렇게 증언했다. "그러나 무엇이든지 내게 유익하던 것을 내가 그리스도를 위하여 다 해로 여길뿐더러 또한 모든 것을 해로 여김은 내 주 그리스도 예수를 아는 지식이 가장 고상하기 때문이라 내가 그를 위하여 모든 것을 잃어버리고 배설물로 여김은 그리스도를 얻고 …"(빌 3:7-9).

고상하다는 말은 철학적인 개념이 아니라 상업적인 개념이다. 예수 그리스도를 아는 지식이 워낙 값이 비싸기 때문에 모든 손실을 갚고도 남는다는 뜻이다.

바울은 혈통도, 전도유망한 엘리트의 특권도, 명망 있는 랍비가 될 수 있는 기회도 포기했다. 오로지 예수 그리스도 때문이었다. 바울은 예수님을 알게 된 것으로 자신이 포기한 것을 보상 받고도 남음이 있다는 것이다.

그리스도를 아는 지식이 왜 그렇게 고상한 것일까? 그리스도 안에 모든 것이 다 들어 있기 때문이다. 그리스도를 아는 것은 세상의 모든 것보다 소유한 것보다 더 낫다.

예수님은 천국을 설명하시면서 이런 비유의 말씀을 하셨다. "천국은 마치 밭에 감추인 보화와 같으니 사람이 이를 발견한 후 숨겨 두고 기뻐하며 돌아가서 자기의 소유를 다 팔아 그 밭을 사느니라"(마 13:44).

고대 사회에는 은행과 같은 재산을 위탁할 공영기관이 없었기 때문에 사람들은 밭에 보화를 감추는 사례가 많았다. 그래서 흔한 전쟁으로 인해 부자들이 죽거나 잡혀가게 되면 그 보물은 그대로 땅 속에 묻혀 있다가 세월이 흘러 농부들에 의해 발견되는 경우가 있었다.

비유의 주인공인 한 농부는 밭을 갈다가 우연히 연장에 '딱'하는 소리를 내며 부딪치는 것을 느꼈다. 보화가 든 상자였다. 농부는 보화를 발견했다. 이제 이 보화만 가지면 자기가 바라던 모든 것을 다 이룰 수 있게 된다. 농부는 마음이 설레기 시작했다. 농부는 마음을 가다듬고 지혜를 내서 그 보화를 도로 묻어두고 집으로 와서 모든 재물을 팔아 그 밭주인에게 가서 밭을 샀다. 그는 자신의 소유를 기꺼이 포기했다.

바울은 이 비유에 나오는 농부와 같은 사람이다. 기존의 자신의 모든 것을 포기하고 보화이신 예수 그리스도를 산 것이다. 예수 그리스도 안에 모든 것이 있기 때문이다. 이 놀라운 사실을 깨달은 바울은 예수 그리스도를 소개하면서 "그 안에는 지혜와 지식의 모든 보화가 감추어져 있느니라."(골 2:3)라고 했고, "우리가 이 보배를 질그릇에 가졌으니"(고후 4:7)라고 했다.

예수 그리스도로 충만해지면 저절로 욕심이 사라지고, 거룩한 영성을 추구하며, 하늘 시민으로 살 수 있게 된다. 비우려고 하지 않아도 저절로 비워지는 순간은 마음에 예수 그리스도로 채워질 때이다. 이것은 빛이 임하면 어둠이 사라지는 것과 같다.

엘리사 모건(Elisa Morgan)은 『작은 빛이 멀리 간다』라는 책에서 빛과 어둠에 대한 흥미로운 이야기를 하고 있다.

옛날 아주 깊은 땅, 아무도 볼 수 없는 곳에 캄캄한 동굴이 있었다. 동굴이 어찌나 깊은 땅속에 있었던지 빛이 한 번도 들어가 보지 못한 곳이었다. 그 동굴에게 빛이라는 말은 아무 의미가 없었다. 그것이 무엇인지 상상조차 할 수 없었으니까.

그러던 어느 날, 태양이 동굴에게 초대장을 보냈다. 한번 방문하러 올라오라는 것이었다. 밖으로 나와 태양을 방문한 동굴은 전에 한 번도 빛을 볼 수 없었던 터라 그 찬란한 빛에 경이로움을 느끼며 좋아했다.

자신을 초대해 준 태양에게 너무 고마웠던 동굴은 그 친절에 보답하고 싶어서 태양에게 동굴을 방문해 달라고 초대했다. 동굴은 태양이 한 번도 어둠을 본 적이 없었기 때문에 어둠을 보여주고자 했다.

드디어 그 날이 되어, 태양은 땅 아래로 내려와 예의를 갖춰 동굴 속으로 들어왔다. 동굴로 들어온 태양은 어둠이 과연 어떤 모습일지 궁금해 하며 호기심에 잔뜩 부풀어서 주위를 둘러보았다. 그리고는 이내 당혹스런 표정으로 동굴에게 물었다. "그런데 어둠은 어디에 있는 겁니까?"

해가 가는 곳이면 어디서나 어둠은 물러가고 빛으로 충만하게 된다. 다만 그 햇빛이 가려지는 곳에 어둠이 깃들 뿐이다. 예수 그리스도는 참 빛이시다. 그 빛이 비치는 곳마다 어둠이 사라지고 새로운 세상이 된다.

우리 마음에 예수 그리스도로 채워지면 세상 것에 대한 생각이 달라진다. 그리스도로 채워지기 전에 목숨처럼 소중하게 여겨지던 세상 것들의 가치가 떨어진다. 전에 대단하게 여기던 것들이 시시하게 생각된다. 아름답게 보이던 것들이 추하게 보인다.

바울은 그리스도를 발견한 후 이전에 유익하게 생각하던 것들을 이제는 해로운 것으로 여겼다. 또한 스스로 자랑스럽게 여기던 모든 것을 다 내버리고, 배설물로 여겼다. 이것은 시골에서 개똥참외만을 먹던 아이가 황금빛 금싸라기 참외를 먹고는 그동안 천하제일의 맛으로 알았던 개똥참외를 발로 차버리는 것과 같은 것이다.

그런데 바울이 배설물로 여긴 것들이 지금 이 시대의 성도들에게는 부러움의 대상이요, 우상이다. 배설물에는 당연히 고약한 냄새가 나는 법인데 왜 사람들에게는 바울이 배설물로 여긴 것들이 달콤하고 감미롭기만 한 것일까?

오늘날 그리스도인들이 예수 그리스도가 있는 데도 불구하고 낙심하고 절망하는 이유는 무엇일까? 세속에 물들어 세상적인 것을 영적인 것보다 더 크게 여기기 때문이다. 세상 사람들은 이런 그리스도인을 보면서 '우리와 다른 게 없네!'라며 비웃는다. 잊지 말고 기억하라.

두 마리의 쇠똥구리가 소똥 근처에서 경단처럼 동그랗게 잘 빚어놓은 한 덩이 소똥과 함께 발견될 때가 있다. 서구의 자연관찰자들은 두 마리의 쇠똥구리가 협력해서 무거운 한 덩이의 소똥을 옮기는 것이라 생각했다.

하지만 프랑스의 곤충학자 파브르(Jean-Henri Fabre)는 19세기 초 자신의 저서에서 이 통념을 뒤집었다. 두 쇠똥구리는 어려운 일을 돕는 동료가 아니었다. 파브르의 관찰에 따르면 두 쇠똥구리는 똥 덩어리의 주인과 그 똥 덩어리를 훔치려는 도둑이었다.

사람도 크게 다를 바 없다. 힘이 있으면 강제로 빼앗고, 그렇지 못하면 사기를 쳐서 빼앗는다. 교인들조차도 세상 사람과 다를 바 없이 그 배설물을 차지하고자 하나님의 말씀을 외면하고 고소하고 싸운다(고전 6:6, 7). 싸움이 벌어지면 부모도 형제도 친구도 없다. 소똥을 가지고 다투는 쇠똥구리들의 일을 사람들도 똑같이 하고 있다. 그러면서도 부끄러운 줄 모른다.

오늘날 교인들이 세상에서 영향력을 나타내지 못하는 이유는 예수 그리스도를 보화로 여기며 자랑스러워하지 못하는 데 있다. 교회의 권위가 실추되고 영향력이 쇠퇴한 지금 우리는 바울이 배설물처럼 여기며 버렸던 것을 취하고, 바울이 취했던 하늘의 것을 버리고 있지는 않는지 자신을 돌아보며 예수 그리스도에 대해서 깊이 생각해 보아야 할 때이다.

chapter 10

예수님의 미니멀 라이프

단순한 삶(Simple Life)의 개념을 최초로 전파한 사람은 샤를 와그너(Charles Wagner)이다. 그의 철학은 교리 없는 기독교로, 자연을 사랑하며 소박한 삶을 살자는 것이다. 1895년에 출간된 대표작 『단순한 삶』(La vie simple)은 프랑스에서 큰 호응을 얻었다.

이 책은 미국에 『심플 라이프』(The Simple Life)로 번역 소개되어 종교 지도자들로부터 찬사를 받았다. 그의 책에 감명을 받은 시어도어 루스벨트 대통령은 1904년에 그를 미국으로 초대해 백악관에서 강연을 하도록 했다.

요즘 유행하는 미니멀리즘(Minimalism)은 샤를 와그너의 단순한 삶에서 출발했다고 할 수 있다. 미니멀리즘은 1960년대 후반에 시각 예술 분야에서 출현하여 여러 영역으로 확대됐다. 불필요한 것을 제거하고 사물의 본질만 남기는 것을 중심으로 삼는다.

오늘날 사람들이 생활 속에서 추구하는 미니멀리즘은 삶을 영위할 수 있는 최소한의 것만을 가지고 최대한의 행복을 누리며 사는 것을 의미한다. 나의 삶의 공간 안에 있는 불필요한 가구나 옷, 물품을 정리하면서 삶을 단순화시켜 생각의 여유를 갖고 살아가는 것이 미니멀리즘이다.

미니멀 라이프(Minimal Life)에 대한 관심이 높아지면서 미니멀리스트(minimalist)들이 늘고 있다. 많은 사람들이 자신에게 필요한 최소한의 물건만 소유하며 단순하게 사는 삶에 관심을 갖고 있다. 단순함을 추구하는 삶이 점차 트렌드가 되어가고 있다.

그런데 여전히 많은 지도자들이 크고 위험하고 대담한 목표에 대해 이야기한다. 많은 기업들이 이런 목표들을 받아들여 대단한 결과를 낳기도 한다. 일부 기독교 지도자들도 "우리는 하나님을 위해 큰 꿈을 꾸어야 한다."라고 열심히 공격적인 목표를 내세운다. 가슴 벅차고 아멘으로 화답할 수 있는 말이다.

하지만 이것이 과연 성경적일까? 하나님은 이사야를 통해 "이는 내 생각이 너희의 생각과 다르며 내 길은 너희의 길과 다름이니라 여호와의 말씀이니라 이는 하늘이 땅보다 높음 같이 내 길은 너희의 길보다 높으며 내 생각은 너희의 생각보다 높음이니라."
(사 55:8, 9)라고 말씀하신다.

하나님과 인간의 생각은 전혀 다르다. 우선순위도, 가치관도 다르다. 하나님을 위해 위대한 일을 생각하고 하나님을 위해 위대한 큰 꿈을 꾼다고 하면서 사람에게서 나온 꿈과 목표를 강조하다 보면 인간의 논리로 하나님의 나라를 세울 수 있다고 여길 위험의 소지가 있다.

세상 사람들도 최대와 최고를 지향하는 삶에 문제가 있음을 깨닫고 돌아서고 있다. 이런 상황에서 한국 교회는 여전히 교회 대형화를 추구하며 적은 것보다는 많은 것을, 작은 것보다는 큰 것을 자랑하고 있다. 이러한 한국 교회의 모습을 세상 사람들이 어떻게 바라볼지 생각해 보아야 한다.

예수님은 철저한 미니멀리스트였다. 세상은 힘을 우상화하지만 예수님은 약한 자들을 통해 능력을 나타내셨다. 세상은 숫자가 많은 것을 중시하지만 예수님은 적은 무리를 제자로 택하셨다. 세상은 크고 거창한 성과에 끌리지만 예수님은 하나님의 나라가 겨자씨 같다고 하셨다.

예수님은 제자들에게 여행을 위해 두 벌 옷이나 신, 지팡이를 가지지 말라고 말씀 하셨다(마 10:10). 예수님은 모든 면에서 작고 적은 것을 추구하셨고, 본질을 강조하셨다. 율법의 본질을 망각하고 종교적 의식과 형식에 얽매어 본질에서 벗어난 서기관과 바리새인들을 향하여 회칠한 무덤이라고 책망하셨다.

일용할 양식을 구하라고 가르치신 예수님의 정신은 미니멀리즘 이었고, 두 벌 옷을 갖지 않으셨던 예수님은 미니멀리스트였고, 공생애 3년 동안 머리 둘 곳도 없이 사신 예수님의 삶은 미니멀 라이프였다. 아이들의 가장 큰 특성은 단순함이다. 하나님의 나라를 설명하기 위한 모범으로 예수님께서 어린 아이들을 택하신 이유 중의 하나는 이러한 단순함 때문일 것이다.

단순한 삶을 추구하는 정신은 에리히 프롬의 존재 양식과 일맥 상통한다. 에리히 프롬(Erich Fromm)은 『소유냐 존재냐』에서 꽃을 대하는 사람의 태도로 소유 양식과 존재 양식을 설명했다. 예쁜 꽃을 보고 꺾는 것은 소유 양식이고, 그대로 두고 보고 즐기는 것은 존재 양식이다.

오늘 우리 문화에 있어서 소유한다는 것은 강박 관념처럼 되어 있다. 사람들은 소유하면 그것을 지배할 수 있고, 지배하면 그것이 더 큰 즐거움을 준다고 생각한다. 그러나 이러한 생각은 일종의 망상이다.

예쁜 꽃을 보면 꺾어 소유하고 싶은 마음이 든다. 그러나 소유는 잠시 뿐이다. 이 세상의 그 어떤 것도 우리가 영원히 소유할 수 없다. 우리는 나그네 인생이기 때문에 길을 편히 가려면 짐이 가

벼워야 한다. 하나님은 우리의 욕심을 채워주시지 않으시고 우리가 자족하기를 원하신다.

바울은 많이 소유한다고 해서 행복한 것이 아닌 것을 알았기에 버릴 수 있었고 자족을 말할 수 있었다. "내가 궁핍하므로 말하는 것이 아니라 어떠한 형편에든지 나는 자족하기를 배웠노니 나는 비천에 처할 줄도 알고 풍부에 처할 줄도 알아 모든 일 곧 배부름과 배고픔과 풍부와 궁핍에도 처할 줄 아는 일체의 비결을 배웠노라"(빌 4:11, 12). 이것이 진정한 능력이다.

우리도 소유하지 않고서도 즐기며 누리는 법을 배워야 한다. 보고 즐기는 것으로 만족할 수 있으면 가진 것 별로 없어도 아쉬운 것이 없다.

온전하기를 원했던 한 부자 청년이 예수님을 만나 그 도리를 물었다. 이에 예수님은 "네가 온전하고자 할진대 가서 네 소유를 팔아 가난한 자들에게 주라 그리하면 하늘에서 보화가 네게 있으리라 그리고 와서 나를 따르라."(마 19:21)라고 말씀하셨다. 그러자 그 청년은 근심하며 돌아서고 말았다. 사람들은 선뜻 비우지 못한다. 집착, 미련, 아쉬움, 추억, 불안, 두려움이 발목을 잡는다.

미니멀 라이프는 비움에 달려 있다. 그러면 어떻게 해야 비울 수 있을까? 우리는 누구나 성품이나 언행에 있어서 마땅히 뽑아 버려야 할 요소들을 가지고 있으면서 번민할 때가 있다. 또 그것들을 제거해 버리려고 애를 썼지만 실패로 끝난 경험들을 가지고 있다. 이제는 방법을 바꾸어야 한다. 그 방법은 비움이 아깝지 않도록 그것보다 더 나은 것으로 채우는 것이다.

세리장 삭개오는 예수님을 만남으로 지금까지 추구했던 것을 비울 수 있었다. 그는 예수님 앞에서 자발적으로 비움을 실천했다. "주여 보시옵소서 내 소유의 절반을 가난한 자들에게 주겠사오며 만일 누구의 것을 속여 빼앗은 일이 있으면 네 갑절이나 갚겠나이다"(눅 19:8).

참된 그리스도인은 순례자로서 오늘을 행복하게 사는 사람들이다. 세상에서 더 많은 것을 가지려고 발버둥치지 않는다. 우리가 거할 곳이 있고 먹을 것이 있고 주의 일을 할 수 있으면 감사할 일이다. 그리고 하나님께서 나에게 주신 것을 가지고 청지기 삶을 살아가는 것이다.

흔히 비움을 말하면 가난을 생각하지만 우리는 가난을 추구하지 않는다. 돈이 없으면 살 수 없는 세상에서 가난을 추구한다는 것은 너무나도 비현실적이다. 우리는 단지 주어진 복을 나만을 위해 사용하지 않으며 더 많은 것을 소유하려고 애쓰지 않을 뿐이다. 그리고 더 가지려고 하기 보다는 이미 가지고 있는 것에 대하여 감사하며 산다.

대다수의 사람들은 가지고 있는 것에 만족하지 못한다. 항상 부

족하다고 생각해서 하나님께 달라고만 한다(잠 30:15, 16). 그러
나 영적인 눈으로 보면 누구나 부자다. 보배가 되시는(고후 4:7)
예수 그리스도를 소유한 우리는 최고의 복을 누리고 있다.

예수님을 본받아 단순한 삶을 살았던 바울은 자신의 정체성을
이렇게 고백했다. "가난한 자 같으나 많은 사람을 부요하게 하고
아무 것도 없는 자 같으나 모든 것을 가진 자로다"(고후 6:10). 세
상 사람들이 볼 때는 가난한 자 같고 아무 것도 없는 자 같았지만
실상 그는 많은 사람을 부요하게 하는 진짜 부자였고 모든 것을
가진 자였다. 바울의 고백이 우리의 고백이 되기를 원한다. 그리
스도를 가진 우리 그리스도인은 아무 것도 없는 자 같아도 모든
것을 가진 자이다.

chapter 11

비움을 위한 지혜

요즘 미니멀리즘의 신선한 바람이 우리 사회에 선한 영향력을 나타내고 있다. 하지만 한편에서는 '왜 그래야만 하는가?'라고 이의를 제기한다. 그들은 맥시멀리스트들이다. 이들은 최대와 최고를 추구하며 "풍성한 것이 좋고, 넉넉하게 살고 싶다."라고 말한다. 여전히 '부자 되세요.'라는 말을 좋아한다. 명예보다 돈을 더 중요시한다. 그들은 돈이 많으면 명예도 따라온다고 말하고 있다.

또 어떤 사람들은 맥시멀리즘과 미니멀리즘 사이에서 이중적인 태도를 취한다. 맥시멀리즘을 추구하면서도 유행을 따라 자신이 미니멀리스트인 것처럼 말하지만 결코 오래 가지 못한다. 유행이 끝나면 흐지부지되고 말 것이다.

사람들이 미니멀리즘을 멋있게 생각하고 따라하고 싶어 하지만 대량 생산, 대량 소비 시대에 살면서 단순한 삶을 추구한다는 것은 결코 쉬운 일이 아니다. 극소수의 단순한 사람들에게는 단순하게 사는 것이 자연스럽겠지만 대부분의 사람에게는 비움을 위한 지혜가 필요하다.

어떤 아이가 100원 짜리 동전을 가지고 가게에 가면 맛있는 사탕을 살 수 있다는 것을 터득하면서 100원의 가치를 알게 되었다. 100원의 가치를 깨닫자 100원에 대한 욕심이 생겼다.

어느 날 아이는 집을 나서는 아빠에게 100원을 달라고 했다. 100원짜리가 없었던 아빠는 마침 500원 짜리가 있어서 '너 수지맞았다.'라는 생각을 하며 500원짜리를 주었다.

그랬더니 아이는 그 동전을 한참 쳐다보더니 500원 짜리 동전을 방바닥에 내던지고는 100원을 달라고 떼를 썼다. 아빠는 이것은 100원짜리 다섯 개와 같은 것이라고 다섯 손가락을 펴 보이며 설명을 했지만 소용이 없었다. 500원의 가치를 모르는 아이는 100원에 집착할 수밖에 없다.

영적으로도 마찬가지다. 복음, 근원, 진리, 영생, 영원한 소망, 하늘나라의 가치를 모르면 그 귀한 것들을 귀한 줄 모르고 내버리게 된다. 100원 짜리 때문에 500원 짜리가 버림받듯 귀한 천국 복음이 얼마나 외면을 당하고 있는가!

비움을 위한 지혜는 가장 귀한 것이 무엇인지를 아는 것이다. 이 세상에는 귀한 것들이 많다. 그 귀한 것들 중에 가장 귀하고 가치 있는 것은 무엇일까? 그것은 하나 밖에 없는 목숨이다. 예수님은 목숨의 가치에 대하여 "사람이 만일 온 천하를 얻고도 제 목숨을 잃으면 무엇이 유익하리요 사람이 무엇을 주고 제 목숨과 바꾸겠느냐?"(마 16:26)라고 말씀하셨다. 온 천하보다 더 귀한 것이 목숨이다. 목숨과 바꿀 수 있는 것은 없다.

중국 북송 시대의 정치가인 사마광이 어렸을 때의 일이다. 물이 가득 찬 큰 항아리 위에서 놀던 한 아이가 그만 항아리 속에 빠지고 말았다. 아이는 허우적거리며 살려달라고 소리쳤지만 아무도 나서지 않았다. 어른들은 아이의 목숨도 생각했지만 항아리 값, 물 값, 책임소재 등 여러 가지를 생각하느라 아무런 조처를 취하지 못하고 발만 동동 구르고 있었다. 그때 어린 사마광이 주저 없이 돌을 들어 항아리를 깼다. 물이 빠지면서 아이는 살게 되었다.

조금만 늦었어도 아이의 생명이 위태로운 상황에서 항아리를 깰 것인지, 말 것인지 망설였다면 결과는 어땠을까? 어른들은 아이도 살리고 장독도 보존하고 싶었을 것이다. 그러나 두 가지를 다 얻으려 하다가 모두 잃게 되는 경우가 많다. 하나를 얻으려면 하나를 놓아야 한다. 이런 상황에서는 우선순위에 따라 복잡한 생각들을 정리하고 마음을 비워야 한다.

단순하게 살려면 무엇이 가장 중요한 것인지 우선순위를 따질 줄 알아야 한다. 그런데 우선순위를 정하지 못하는 사람들도 있다. 왜 그럴까? 가치 판단의 기준이 없기 때문이다. 비우고 단순하게 살려면 무엇이 중요한지, 무엇이 최고의 가치인지 분별할 수 있는 안목이 필요하다.

우리는 내일을 기약할 수 없는 인생들이다. 그렇기 때문에 가장 귀한 것은 지금 당장 취해야 한다. 그래서 바울은 "보라 지금은 은혜 받을 만한 때요 보라 지금은 구원의 날이로다."(고후 6:2)라고 결단을 촉구하고 있다. 복음 앞에서 결단은 생사를 좌우한다. 복음 앞에서의 결단은 영혼이 사느냐, 죽느냐의 일이다.

생각이 복잡한 것은 가치 판단이 되지 않기 때문이다. 무엇이 중요한지 알아야 단순해질 수 있다. 이런 점어서 미니멀리즘은 단순히 버리기가 아니라 본질을 알고 그 외의 것들을 제거하고 정말 중요한 것을 남기기 위한 것이다.

그러므로 누군가의 삶이 단순하다는 것은 그에게는 우선순위가 정리가 되어 있다는 것을 의미한다. 현명한 사람은 선택하고 집중할 줄 안다. 오만 가지 잡다한 생각들을 정리하고 가장 귀한 것에 에너지를 집중해야 한다. 이에 대해 예수님은 "그런즉 너희는 먼저 그의 나라와 그의 의를 구하라."(마 6:33)라고 하신다.

정리하고, 비우고, 내버려야 하는 줄 알면서도 욕심과 미련 때문에 망설이며 붙들고 있는 것은 무엇인가? 우리는 참으로 중요한 것이 무엇인지 분별할 수 있어야 한다. 그러면 단순해진다. 리처드 포스터는 단순성 훈련을 위한 실제적인 방법을 열 가지로 제시하고 있다.

첫째, 물품을 구입할 때 유용성을 보고 사라. 물품은 체면이 아니라 필요에 의해 사야 한다.

둘째, 중독을 일으키는 것은 무엇이든지 배격하라. 중독이 되면 통제가 불가능해진다.

셋째, 필요 없는 물건들을 나누는 습관을 기르라. 소유의 절반이 없어도 별 어려움 없이 살 수 있다.

넷째, 광고에 현혹되지 않도록 하라. 새로운 것이라도 당장 필요한 것이 아니라면 구입하지 말아야 한다.

다섯째, 물질을 소유하지 않고서도 즐기는 법을 배우라. 공공시설, 공원, 도서관 등을 활용하는 습관을 길러야 한다.

여섯째, 자연과 가까이 하라. 자연을 보면 단순하게 사는 법을 배울 수 있다.

일곱째, 외상을 자제하라. 지금 구입하고 나중에 갚으라는 말에 의심을 가져보아야 한다.

여덟째, 명백하고 정직하게 말하라. 상황보다 옳고 그릇된 것에 대한 기준을 가지고 처신해야 한다.

아홉째, 다른 사람에게 압제를 가하는 일이라면 무엇이든지 거부하라. 나의 편리함은 다른 사람의 희생을 요구하는 것이다.

열 번째, 마음을 분산시키는 것을 피하라. 합법적이고 좋은 것이라도 초점을 흐리게 하는 것은 피해야 한다.

단순성 훈련은 힘이 든다. 하지만 단순성 훈련은 이기주의와 맘몬 중심의 삶으로부터 우리를 자유롭게 한다. 훈련이 필요하다는 것은 하루아침에 이루어질 수 없음을 의미한다. 그리스도인에게 단순해지는 일은 오직 예수에게 집중하는 것이기에 그리스도인의 온전과 연관된다.

바울은 그리스도로 충만해서 세상 것들을 배설물처럼 여기고 내버렸지만 온전히 이루었다고 말하지 않았다. "내가 이미 얻었다 함도 아니요 온전히 이루었다 함도 아니라 오직 내가 그리스도 예수께 잡힌 바 된 그것을 잡으려고 달려가노라"(빌 3:12).

하나님 앞에서 절대적인 온전함은 없다. 온전을 향해 나아가는 과정만이 있을 뿐이다. 따라서 그리스도로 충만한 삶을 위해서는 계속적인 선택을 해야 한다. 그것이 바울이 말한 잡힌 바 된 그것을 잡는 것이다. 그러나 상대적으로는 온전을 말할 수 있다. 그렇기 때문에 바울은 이어서 '우리 온전히 이룬 자들'(빌 3:15)이라고 말했다.

왜 우리는 그리스도인의 온전을 말하기 어려워하고, 현실에서 그 모습을 쉽게 보기 어려운 것일까? 변명하지 말자. 그리스도를 믿어도 그리스도가 최고라는 깨달음이 없기 때문이다. 그리스도를 전해도 그리스도만이 유일한 구원이라는 확신이 부족하기 때문이다.

은혜를 아는 것과 경험하는 것은 커다란 차이가 있다. 그래서 성경은 "갓난 아기들 같이 순전하고 신령한 젖을 사모하라 이는 그로 말미암아 너희로 구원에 이르도록 자라게 하려 함이라 너희가 주의 인자하심을 맛보았으면 그리하라."(벤전 2:2, 3)라고 말씀하고 있다. 맛보면 사모하고 자라게 된다.

하나님의 은혜는 햇볕과 비처럼 모든 이들에게 임한다. 아무리 비가 내려도 뚜껑을 닫아놓으면 빗물이 담기지 않는 것처럼 하나님의 은혜에 대한 응답이 없다면 그 어떤 은혜도 소용이 없다. 잡힌 바 된 그것을 잡으려는 노력이 필요하다.

chapter 12

비운 자의 삶

두 사람의 상인이 산을 넘어가다 심한 눈보라를 만났다. 이들은 방향을 잃고 추위에 떨다 겨우 바위틈을 찾아 대피했다. 자리를 잡자 이들은 곧 나뭇가지를 모아 불을 붙이려 했다. 그러나 불쏘시개가 없었다.

한 명의 상인이 두툼한 지폐를 내어놓았다. 나머지 한 명도 두툼한 지폐를 내어놓았다. 이들은 거액의 돈에 불을 붙여 모닥불을 만들었다. 이 때문에 이들은 구조대가 도착할 때까지 얼어 죽지 않고 살아남을 수 있었다. 구조대원들은 타는 돈의 연기를 보고 이들을 발견했던 것이다.

아무리 돈이 소중해도 목숨보다 소중할 수는 없다. 죽음에 이르게 되면 무엇이 가장 귀한 것인지 알게 된다. 최고의 가치를 깨달은 바울은 그리스도를 얻고, 영생을 얻고, 하늘나라를 얻기 위하여 육신의 것을 불쏘시개와 같이 여길 수 있었다.

그리스도인이라면 무엇이 우선시되어야 하는 최고의 가치인지 안다. 그러나 의식과 무의식에서는 차이가 난다. 의식적으로는 얼마든지 영적인 것이 최고라고 믿음의 고백을 할 수 있다. 그러나 무의식 상태에서는 본심이 드러난다. 진정한 신앙은 무의식 상태에서, 꿈에서 확인된다.

평상시에는 인간의 욕구와 감정들은 억압이 되지만 잠자는 동안에는 자아의 기능이 이완되어 있기 때문에 자아 방어수단이 약화되어 억압된 감정과 욕구들이 표면에 떠오르게 된다. 그러므로 프로이드는 "꿈은 무의식으로 통하는 지름길"이라고 보았다. 꿈은 무의식의 표현이기 때문에 자기 발견을 위한 유용한 수단이 된다.

사도 바울을 비롯하여 어거스틴, 토머스 아 켐피스 등 예수 그리스도를 만나 진정으로 비운 사람들은 이 세상 것들이 부럽지 않았다. 오직 예수뿐이었다. 자나 깨나 오직 예수, 사나 죽으나 오직 예수뿐이었다.

깊은 밤에 성 어거스틴이 성경을 묵상하다가 잠이 들었다. 꿈속에서 주의 천사가 나타나 주님의 메시지를 전했다. "그대는 무엇을 원하는가?" 그는 깊은 꿈속이었지만 명백한 신앙고백을 했다.

"아니요. 저는 아무것도 원하지 않습니다. 주님 밖에는요."

『그리스도를 본받아』를 쓴 토머스 아 켐피스(Thomas a Kempis)에게 꿈에 하나님의 음성이 들렸다. "아 켐피스야, 내가 너에게 무엇을 줄꼬?" "저는 주님의 사랑을 받는 것으로 만족하옵니다." "아니다. 너의 충성됨을 보아서 주고 싶은 것이 있다. 무엇이든지 구하라." "저는 주님 한 분으로 만족하옵니다." 세 번씩이 똑같은 대답을 한 아 켐피스에게 다음에 들려온 하나님의 음성은 "너는 참으로 좋은 것을 가졌느니라."였다. 토머스 아 켐피스처럼 무의식의 세계에서도 예수 그리스도를 말할 수 있어야 한다.

비운 사람은 세상 것을 자랑하지 않는다. 하이든이 작곡한 천지창조가 비엔나에서 연주되고 있었다. 하이든이 죽기 약 1년 전의 일로, 이때 그는 늙고 병약했으므로 휠체어에 실려 연주장에 입장했다. 연주가 끝나자 연주장에 있던 모든 사람들이 열광하며 일어나 하이든이 있는 곳을 향해 감격의 박수를 쳤다.

그러자 하이든은 당황스런 표정으로 "내가 아니오. 그 음악은 나로부터 나온 것이 아니라 바로 저기 나의 하나님으로부터 나온 것이오. 하나님께 영광을 돌리시오!"라고 말하면서 상반신을 일으키려다 쓰러지고 말았다. 그는 병원으로 이송되면서도 계속 말하고 있었다. "내가 아니오. 하나님께 영광을 돌리시오."

비운 사람은 세상에 소망을 두지 않는다. 한국에 온 초기 선교사들은 대부분 그 나라에서 우수한 인재들이었다. 그들이 대학을 졸업할 때, 이미 교수나 전문의로 취직이 결정되어 있는 경우가 많았다. 그들은 사회에서 성공이 보장된 사람들이었다. 더군다나 그들에게는 사랑하는 가족들이 있었고, 어떤 사람들에게는 약혼자도 있었다.

그러나 그들은 안락한 삶과 성공된 보장을 내려놓고, 하나님이 주시는 비전을 따랐다. 물론 가족들과 친구들은 결사반대했다. 왜 그렇게 어리석은 선택을 하느냐고 말렸다. 그 나라가 어떤 나라인지 아느냐, 가난과 질병이 가득한 나라요, 미신과 우상이 가득한 나라요, 도무지 앞날을 내다볼 수 없는 어두운 나라라고 말했다. 죽을지도 모른다고 했다. 실제로 25, 26세에 대학을 졸업하고 온 한창때의 청년들이 한국에 온지 2, 3년을 넘기지 못하고 죽었다.

그들은 오직 하나, 복음을 위해 생명을 걸었다. 가다가 죽을지언정, 예수 안에서 복음 전하는 인생을 택했다. 그들을 환영하지 않는 조선 사람들에게 두들겨 맞고, 때로는 너무 많이 맞아서 죽기까지 했다. 그러나 그들은 결코 포기하지 않았다.

그들이 아는 예수님은 내 인생 전부를 드려도 아깝지 않은 분이었기 때문이었다. 그 예수님이 몸소 걸으신 그 십자가의 길을 따라 오라 하셨기 때문이었다. 그들은 단지, 그들을 죽도록 사랑하신 예수님, 정말 온 마음을 다해 따르고 닮고 싶은 그 예수님을 따라, 그 길을 걸었을 뿐이었다. 사랑하는 예수님과 함께 하는 길을 선택했을 뿐이었다. 그래서 그들에게는 십자가의 길이기 이전에 행복한 길이었고, 누구도 말릴 수 없을 만큼 보람 있는 삶이었다.

비운 사람은 하나님께 드리는 것을 아깝게 생각하지 않는다. 기꺼이 십일조를 드린다. 미국의 기독 실업가인 아더 미다스(Arthur Midas) 장로는 한 때 미국의 10대 재벌 중 한 사람이었다. 미다스 장로는 많은 재산을 선교 사업을 위하여 사용했다. 선교 재단을 설립하기 위하여 7억 달러를 헌금했고, 또 한국의 대학생 선교단체에 50만 달러를 기증하기도 했다. 그 외에도 남을 돕고 구제하는 일에 많은 재산을 사용했다.

어느 날 한 기자가 그에게 성공적인 인생을 살게 된 비결을 묻자 그는 이렇게 대답했다. "나는 다섯 가지 인생철학을 가지고 있습니다. 첫째는 주일 성수요, 둘째는 온전한 십일조 생활이요, 셋째는 하루의 첫 시간을 기도로 시작하는 것이요, 넷째는 가정의 주인을 예수님으로 모시는 것이요, 그리고 다섯째는 시간과 돈을 선한 사업에 사용하는 것입니다. 이것은 하나님의 뜻입니다."

비운 사람은 서로 도와주고 사랑한다. 눈보라치고 몹시 추운 어느 날 전도자 선다 싱(Sadhu Sundarsingh)이 히말라야 산을 넘다가 길에 쓰러져 있는 사람을 발견하게 되었다. 그는 차마 그냥 지나치지 못하고 그 사람을 살리기 위해 그를 업고 땀을 뻘뻘 흘리며 산을 넘었다. 사람을 등에 업고 산을 넘다보니 온 몸에 열이 나서 두 사람은 얼어 죽지 않고 무사히 산을 넘을 수 있었다.

그런데 선다 싱은 도중에 얼어 죽은 한 사람을 보게 되었다. 그 사람은 선다 싱 앞서 혼자 산을 넘던 사람이었다. 그는 쓰러진 사람을 보았지만 혼자 살겠다고 모른 채 하고 가버린 사람이었다.

선다 싱과 혼자 가버린 사람의 차이는 무엇일까? 우리는 여기서 비움과 비우지 못함의 차이를 보게 된다. 욕심을 비우다보면 다른 사람이 눈에 보이고 사랑할 수 있고 생사까지도 초월할 수 있게 된다.

비운 사람은 가난을 가난으로 여기지 않는다. 예수님은 가난하셨지만 가난을 비참하게 여기지 않으셨다. 예수님의 가난은 스스로 선택한 자발적 가난이었다. 가난이 찾아온 것이 아니라 스스로 가난을 찾아가셨다. 가난하다 보니 자유로웠다.

바울은 3년 동안 머문 에베소 교회를 떠나면서 장로들을 청하여 고별설교를 할 때 "내가 아무의 은이나 금이나 의복을 탐하지 아니하였고 여러분이 아는 바와 같이 이 손으로 나와 내 동행들이 쓰는 것을 충당하여"(행 20:33, 34)라는 말을 했다. 바울에게는 자족하는 마음이 있었다. 그는 먹을 것과 입을 것이 있으면 족한 줄 알았다(딤전 6:8)

　지금 우리 사회는 '돈이면 다 된다.'라는 극단적 물질만능주의로 인해 돈 없는 사람들은 어디서나 무시를 당한다. 이러한 사고에 물든 사람들은 가난을 비관하여 목숨을 끊기도 한다. 오늘의 그리스도인들에게 주어진 큰 과제 중의 하나는 물질에 모든 것을 걸지 않는 것이다.

　물질은 우리에게 도구일 뿐이지 목적이 될 수 없다. 물질이 목적이 되면 그것은 나의 신이 된다. 인간은 의미를 추구하며 사는 존재이다. 아우슈비츠 포로수용소에서 살아 돌아온 빅터 프랭클(Viktor Frankl)은 살아야 할 의미만 있으면 어떤 상황에서도 살아남을 수 있다는 사실을 가르쳐 주었다. 우리는 얼마나 소유했느냐 보다 무엇을 하면서 살아야 할 것인지 삶의 의미를 가진 존재여야 한다.

chapter 13

각 사람에게 적절한 은혜

우리가 이 책을 쓰는 동안 에릭 리델(Eric Liddel)의 생애를 그린 '불의 전차'가 영화관에서 상영되었다. 이 영화는 1924년 제8회 파리 올림픽에서 영국 육상 대표로서 금메달리스트가 되었던 스코틀랜드 출신인 에릭 리델의 신앙을 보여주고 있다.

'불의 전차'에서는 파리 올림픽에 출전한 영국 육상 영웅인 헤럴드 에이브라함(벤 크로스)과 에릭 리델(이안 찰슨), 두 사람을 비교하고 있다.

유대인에 대한 무시, 고리대금업자였던 아버지로 인한 편견으로 고통을 겪었던 에이브라함은 올림픽에 출전하여 사람들에게 유대인의 우수성을 보여주고 나아가 이것을 통해 자신의 출세를 보장

받으려 했다. 그러나 에릭 리델은 동생 제니에게 이렇게 고백한다. "하나님은 나를 빠르게 지으셨어. 나는 달릴 때 그분의 기쁨을 느낀단다." 하나님이 재능을 주셨을 때는 뭔가 뜻이 있다고 믿었던 에릭 리델이 달리는 목적은 하나님의 영광을 위해서였다.

금메달을 따기 위한 방법도 두 사람은 전혀 달랐다. 에이브라함은 최고의 코치를 통해 과학적이고 합리적인 훈련을 했고, 에릭은 믿음으로 이사야 40장 28-31절의 말씀을 붙들었다.

에릭 리델은 100미터 달리기의 우승 후보였다. 그러나 100미터 경기 일정이 발표되었는데, 첫 예선 일자가 7월 6일 주일 오후 3시와 5시였다. 그는 그 일정표를 보자마자 "저는 주일에는 안 뜁니다."라고 단호한 결정을 알렸다. 누구도 그의 결정을 움직일 수 없었다.

언론에서는 그를 미친 사람인양 보도했고, 에릭 리들의 100미터 출전 포기 소식을 들은 영국 전체의 반응은 냉소적이었다. 그를 가리켜 '편협하고 옹졸한 신앙인', '신앙을 소매 끝에 달고 다니는 신앙심 깊은 척하는 위선자', '조국의 명예를 버린 위선자'라고 비난했다. 그러나 그는 평소처럼 교회에 가서 예배를 드렸다. 100미터 경기에서 헤롤드 에이브라함이 금메달을 목에 걸었지만 그의 기록은 에릭 리델보다 약간 뒤졌다.

그러나 에릭 리델은 예상하지 않았던 400미터 종목에 출전해서 금메달을 따냄으로써 세상 사람들을 깜짝 놀라게 만들었다. 그가 400미터 종목에 출전할 때 사람들은 그에게 별로 기대를 걸지 않았다. 그의 기록은 48.2초로 미국 선수 호레시오 피치의 47.8보다 뒤지기 때문이었다. 그럼에도 불구하고 그는 47.6초라는 세계 신기록을 세우며 우승의 영광을 안았다.

사람들이 어떻게 금메달을 딸 수 있었느냐고 물었을 때 그는 "100미터는 내 힘으로 뛰었고 나머지 300미터는 하나님이 뛰어 주셨다."라고 말했다. 에릭 리델의 힘의 원천은 믿음이었다. 골인 지점을 앞두고 돌진하는 순간 머리가 뒤로 젖혀지면 그는 불가사이한 주력을 발휘했다. 하나님의 영광을 위하여 자신의 비운 에릭 리델에게 하나님은 역사하셨던 것이다.

에이브라함도 금메달을 땄고 에릭 리델도 극적으로 금메달을 땄다. 영화에서 말하려는 것은 에이브라함은 실패하고 에릭은 성공한다는 이원론이 아니다. 에이브라함처럼 해도 성공한다. '불의 전차'에서는 성공이나 실패가 아니라 철저히 하나님을 신뢰하며 살아가는 삶의 방식이 어떠한 것인지를 에릭 리델을 통해 보여주고 있다.

에릭 리델이 배신자 소리를 들으면서까지 주일성수를 고집한 점에 대해서 고지식하다고 말할 수도 있다. 국가의 명예를 위해 한 뻔쯤은 주일 예배에 빠질 수 있는 것이고, 오히려 금메달을 따서 하나님께 영광을 돌릴 수 있다고 대다수의 사람들은 생각할 것이다.

그러나 에릭 리델은 단호했다. 그는 "나는 주일에는 달리지 않을 거야!"라고 말했으며 아무 것도, 그 누구도 그를 움직이게 할 수 없었다. 주일을 거룩하게 지키는 것은 그에게 있어서 숨 쉬는 것과 같이 자연스러웠으며 금메달보다 훨씬 더 중요했다. 그는 남들의 가치 기준에 따라 자신의 목표를 세우고 살지 않았다. 우리는 여기서 모든 것을 포기하면서라도 붙들어야 할 최고의 가치가 무엇인지 점검해 볼 필요가 있다.

에릭 리델에게 있어서 최고의 가치는 주일 성수였고, 금메달보다 하나님이었다. 그는 무엇을 입증해 보이려고 하지 않았고 스타가 되려고도 하지 않았고, 세상에 보란 듯이 자랑하려는 것도 아니었다. 그는 달리는 것을 사랑했고, 하나님을 위해 달렸다. 사도 바울이 예수 그리스도를 발견한 후에 이 세상의 모든 것들을 배설물처럼 여겼던 것처럼 에릭 리델 역시 세상 영광에는 관심이 없었다.

올림픽이 끝난 후 주님께서 그에게 말씀하셨다. "네가 받은 메달보다 더 위대한 메달이 있다. 더 위대한 영광이 있다. 너는 복음의 영광을 위하여 살아야 하느니라." 그는 자기 내면에서 들려오는 음성을 듣고 마침내 결단을 내렸다. 그는 복음을 들고 중국으로 떠났다. 친구들과 친척들이 그에게 미쳤다고 했다. 보장된 출세, 안정된 삶, 화려한 삶을 포기하고 중국으로 떠나는 그를 사람들은 이해하지 못했다.

당시는 일본이 한국을 침략하고 중국을 침략했던 때였다. 그는 중국인들에게 복음을 전하고 그들을 섬기고 도와주기 시작했다. 그러자 일본 사람들이 그를 스파이로 몰아서 감옥에 가두었다. 그러나 그는 감옥에서도 복음을 전했다. 감옥 안에 신앙 공동체가 생겨나기 시작했다. 그러나 그는 일본이 패망하기 전 42세의 젊은 나이로 세상을 떠났다. 에릭 리델에게 복음을 들은 사람들이 그를 묻고 난 후 무덤 위에 비문을 하나 새겼다. 그 비문에는 이렇게 씌어져 있었다. "하나님의 영웅 에릭 리델 여기에 잠들다."

에릭 리델은 스포츠에서 뿐 아니라 주일 성수와 선교를 위해 모든 영광을 배설물처럼 여긴 신앙의 금메달감이었다. 또한 그는 신앙으로 승화된 인격으로 만나는 사람마다 찬사뿐인 그리스도의 인격을 닮은 인격의 금메달감이었다.

자신의 종교적 신념을 위해 보장된 금메달까지 기꺼이 포기하고, 스타의 명성에 연연하지 않고 선교를 위해 중국으로 떠난 에릭 리델은 우리에게 진정한 성공은 무엇인지, 나의 목숨까지 아낌없이 기꺼이 내어놓을 수 있는 최고의 가치는 무엇인지 분명히 알려주었다.

에릭 리델의 삶은 수많은 그리스도인들에게 큰 감동과 도전을 불러 일으켰다. 그러나 우리가 에릭 리델의 신앙생활을 보면서 한 가지 기억해야 할 것이 있다. 그것은 그리스도인의 신앙생활이 매우 다양하다는 점이다. 신앙생활에 있어서 어떤 사람을 본받아야만 한다는 절대적 표준은 없다. 왜냐하면 사람들은 각기 처한 상황이 다르기 때문이다.

신앙 간증을 하는 사람들이 흔히 저지르는 실수 가운데 하나는 은연중에 청중들에게 자신을 표준으로 제시하며 자신처럼 되라고 강요하는 것이다. 그러나 그 사람과 나의 실존이 다르다. 만약 내가 그와 똑같은 상황이라면 그의 간증은 표준이 될 수 있다. 그러나 인간은 각각 처한 상황이 다르기 때문에 어느 한 사람을 표준으로 삼는 데는 어려움이 있다.

사도 바울이나 한경직 목사님은 서로 닮은 점이 있다. 그것은 사도 바울이 자신을 "죄인 중에 내가 괴수니라."(딤전 1:15)라고 표현했던 것처럼, 한경직 목사도 신사참배를 한 것에 대한 부담감을 늘 안고 살았다는 점이다. 그러나 이것이 오히려 그들을 더욱 그리스도의 사랑에 기대게 했고 겸손한 자로서 주의 일에 최선을 다해 일할 수 있는 동력이 되었다.

우리는 완벽을 추구하며 완벽한 자가 되기 위해 노력하지만 그것은 어디까지나 이상일 뿐이다. 우리는 완벽이 아닌 예수 그리스도의 은혜 안에서 더 나은 삶으로 진보할 뿐이다.

또한 같은 시기의 사람들인 주기철 목사와 배민수 목사는 서로 다른 길을 갔다. 주기철 목사는 신사참배를 거절한 가운데 순교자의 길을 걷게 되었다. 그러나 배민수 목사는 미국으로 건너가 순회설교를 하며 한국의 어려운 상황을 알리는 가운데 후원금을 모아 고국으로 돌아와 당시 인구 8할에 해당하는 농촌 복구를 위해 헌신한 삶을 살았다. 각자의 길을 달랐지만 모두 하나님 나라의 일을 위해 일했던 사람들이다.

하나님은 각 사람에게 맞는 은혜를 주셔서 일을 하게 하신다. 예수님께서는 자발적으로 따르는 사람들과 직접 불러서 따르게 한 사람들 가운데서 기도하신 후에 12명을 제자로 선택하셨다(눅 6:12, 13). 여기에서 제자로 선택받지 못한 사람들은 섭섭해 할 필요가 없다. 왜냐하면 예수님은 그 사람들의 능력 보다는 당신이 하시고자 하는 그 일에 적합한 사람을 선택한 것이기 때문이다.

하나님은 각 사람에게 각각 맞는 일을 주신다. 그래서 성경은 "각각 은사를 받은 대로 하나님의 여러 가지 은혜를 맡은 선한 청지기 같이 서로 봉사하라."(벧전 4:10)라고 말씀하신다. 우리는 자신에게 주어진 은사가 어떤 것이든 그것을 가지고 주어진 일에 충성을 다하면 된다.

샤를르 드 푸꼬(Charles de Foucauld)는 "그분은 얼마나 맨 끝 자리를 차지하셨던지 아무도 결코 그 자리를 뺏을 수는 없었소!"

라는 위블렝의 말을 듣고 예수의 낮아진 삶을 추구했다. 그는 친구에게 보낸 편지에서 "나는 예수의 공생활이나 전도 활동을 본받을 수 있을 것 같지는 않습니다. 결국 내가 본받을 수 있는 것은 그 분이 나사렛에서 하신 가난하고 미천한 노동자로서의 숨은 생활인 것 같습니다."라고 말했다. 자신의 자리를 찾은 것이다.

사람들은 사역의 규모로 그 사람의 성공 여부를 판단 하지만 하나님 앞에서는 사역의 크기가 중요하지 않다. 한경직 목사는 자신의 사역이 커서 성공했다고 생각했을까? 그는 은퇴 후 목회의 성공 비결을 묻는 질문에 이런 말을 했다. "나는 한 번도 내가 목회에 성공했다고 생각해본 적이 없습니다. 내가 성공한 목회자인지 저 시골에서 평생을 몇 십 명 안 되는 성도를 돌보느라 애쓴 목회자가 성공한 목회자인지 하나님 앞에 가봐야 알겠습니다."

프란시스(Francis of Assisi)가 늘 자신을 죄인이라고 고백하는 모습을 본 제자는 "그것은 선생님의 우선입니다."라고 말했다. 그러자 프란시스는 "만약 다른 사람에게 나에게 주신 은혜를 주셨다면 나보다 더 훌륭하게 일했을 것이다."라고 갈하면서 자신의 고백이 거짓이 아니라고 했다.

참된 그리스도인은 그리스도로 말미암아 비워진 자이다. 그리스도로 만족하기에 세속적인 성공과 출세에 연연하지 않는다. 절대 가치를 지니고 있기에 다른 사람과 비교하지 않는다. 작은 것의 가치를 알기에 작은 것을 소홀히 하지 않는다. 작은 교회에도 하나님이 계시는 것을 알기에 작다고 무시하지 않는다. 주님의 은혜가 각 사람에게 적절히 주어지는 것을 알기에 주어진 은혜에 감사하며 자족하며 산다.

이 세상의 모든 것들은 각각 존재 의미와 가치를 지니고 있을 뿐 아니라 서로 밀접하게 의존되어 있다. 벌이 사라지면 꽃이 위태로워지고 인류의 생존이 위협을 받게 된다고 하지 않던가. 그러므로 서로를 인정하며 살아야 한다. 이것은 자신을 비운 사람이 할 수 있는 일이다.

chapter 14

비움의 영성

일반적으로 사랑을 받은 자가 사랑할 수 있는 것처럼 비움의 영성은 하나님께 은혜를 받은 자의 삶에서 드러난다. 비움은 채움으로 인해 온 것이다. 비움의 신앙 단계에 이르면 하나님의 채워주심에 감사하며 주일성수를 한다. 예배드리는 일을 그 무엇보다도 중요하게 여긴다. 하나님의 은혜에 보답하는 마음으로 의미 있는 일에 자신을 드리고 싶어 한다.

바울이 성도들에게 "내가 하나님의 모든 자비하심으로 권하노니 너희 몸을 하나님이 기뻐하시는 산 제물로 드리라 이는 너희가 드릴 영적 예배니라."(롬 12:1)라는 요청은 바로 비움의 단계에 있는 성도들에게 해당된다.

애국심과 고고한 인품, 탁월한 지략과 용명, 그리고 부하들을 자식처럼 사랑했던 영국의 고든 장군은 가는 곳마다 승리했고, 국민들에게 위대한 영웅이었다. 영국 정부가 중국에서 크게 전공을 세운 고든 장군을 포상하기 위하여 많은 상금과 직위를 주려고 하였지만 그는 모든 것을 다 거절하고 33회 교전이 기록된 금메달만을 받았다. 그에게는 더없이 소중한 것이요, 그의 재산의 전부라고 할 수 있었다.

그가 세상을 떠난 후 그 메달을 찾았으나 아무데도 없었다. 나중에 알게 된 사실은 흉년이 심하던 해 그는 자신의 소중한 메달을 녹여 마련한 돈으로 맨체스터의 가난한 사람들에게 식량을 사 주었던 것이었다. 이 메달을 보낸 날짜에 그의 일기장에는 "이 지상에서 내가 가장 귀하게 여기는 마지막 물건을 오늘 주 예수께 바쳤다."라고 기록되어 있었다.

비움의 신앙 단계에서는 기도의 차원이 달라진다. 이때의 기도는 채움의 신앙 때에 드렸던 간구의 차원에서 벗어나 어떻게 하나님께 헌신할 것인지 고민하며 드리게 된다. 우리는 예수 그리스도의 은혜에 감사해서 자신의 몸을 주님께 드렸다.

고등학교를 졸업하고 곧바로 신학교에 입학했고, 이후 줄곧 30여 년 동안 목회자의 길을 걸었다. 염두철 목사는 지역이나 조건 따지지 않고 자신을 필요로 하면 어디든 가서 사역했다. 장명수 목사는 부목사 시절에 더 젊었을 때 주님께 드리고 싶어 7년 동안 러시아 선교사로 사역했다.

만약 당신이 아직도 자신의 필요를 위한 간구의 기도에만 집중하고 있거나, 은혜로운 말씀만 들으려고 여러 교회들을 기웃거린다면 채움의 신앙 단계에 머물러 있는 것이다. 채움의 신앙 단계로 나아가야 한다. 언제까지 어린아이로 남아 있을 것인가? 만 달란트 빚진 자가 탕감 받은 후 자신에게 백 데나리온 빚진 자를 감옥에 넣는 일은 없어야 한다.

성경은 이런 자들을 향하여 "때가 오래 되었으므로 너희가 마땅히 선생이 되었을 터인데 너희가 다시 하나님의 말씀의 초보에 대하여 누구에게서 가르침을 받아야 할 처지이니 단단한 음식은 못 먹고 젖이나 먹어야 할 자가 되었도다."(히 5:12; cf, 고전 3:1, 2)라고 말씀하신다.

왜 한국 교회는 세상과 소통하지 못하는가? 성도들이 채움의 단계에 머물며 영혼구원이라는 오직 한 가지 주제만을 고집하고 있기 때문이다. 그것은 말로만 되는 일이 아니다. 국제 대학생 선교회의 창설자인 빌 브라이트(Bill Bright)가 전하는 두 일본 농부에 관한 이야기이다.

어느 농부가 가파른 비탈길에 계단식 논을 만들고 그 논에 물을 대기 위해 물길을 만들기 시작했다. 그런데 그 물길이 완성되어 논에 물이 들어가자 이를 지켜보고 있던 다른 농부가 그 농부의 논 바로 아래에 자기의 논을 만들었다. 그리고 앞 논의 논두렁에 구멍을 뚫어 앞 논의 물이 자기 앞으로 흘러 들어오도록 했다.

이렇게 되자 처음에 논을 만들었던 농부는 약이 올랐다. "얌체같이…! 물길을 만드는 수고도 않고 논물을 받아가다니…." 화가 나서 견딜 수 없었던 첫째 농부는 목사님을 찾아가 조언을 구했다. 그러자 목사님은 "그를 용서하시고 지금까지 하던 대로 계속 하십시오."라고 권면을 했다.

그래서 그 농부는 다시 돌아와 논에 물을 댔다. 그러나 바로 아래 논을 가진 농부는 조금의 가책어린 표정도 없이 태연하게 계속 물을 빼냈다. 얼마 지나지 않아 그 농부는 다시 목사님을 찾아가 하소연했다. 그러자 목사님은 "이제는 한 걸음 더 나아가서 그 아래에 있는 논까지 직접 물을 대어 주십시오."

그 농부는 그 다음 날부터 그 아래 논까지 물을 대주었다. 그로부터 한 달이 지난 어느 날 아래 논을 만든 농부가 자기 논에 물을 대주는 농부를 찾아와서 물었습니다. "어떻게 내가 그리스도인이 될 수 있습니까?"

전도는 외침과 더불어 성도들의 선한 삶 가운데 이루어진다. 우리의 삶은 어떤가? 세상에서 빛과 소금의 역할을 하는 성도들이 필요하다. 이제는 비움의 단계로 들어가야 한다. 만약 하나님께서 은혜를 충분히 주셨다면 현실에 안주하지 말라. 언제까지 어린 아이처럼 달라고만 할 것인가?

교회라고 다 교회가 아니다. 정용섭 목사가 쓴 『닭장 교회로부터 도망가라』는 책이 있다. 그는 이 책에서는 "하나님의 임재가 떠난 교회를 떠나라. 인간이 주도권을 잡고 주인 노릇하는 교회를 떠나라. 교인을 계란을 낳는 닭으로 여기는 양계장 같은 교회를 떠나라. … 진리보다 관습과 전통을 애지중지하는 교회를 떠나라. … 온갖 수단과 방법을 가리지 않고 대대로 호의호식하고자 하는 목회자에게서 도망가라."라고 말한다. 거친 말들이지만 그 의미를 새겨볼 필요가 있다. 왜냐하면 하나님의 은혜로 쌓은 것들이 바벨탑으로 변하는 경우가 많기 때문이다.

하나님은 교회와 목회자와 성도들에게 각각 다양한 은혜를 부어 주셨다. 그런데 그 업적들을 자신이 이룬 것처럼 과시하고 자신을 위해서만 사용하고 있다. 주님의 은혜를 잊지 말아야 한다.

자신은 아무 것도 아니고 모든 것이 은혜인 것을 깨달았던 바울은 고린도 교회의 자랑하는 자들을 향하여 "네게 있는 것 중에 받지 아니한 것이 무엇이냐 네가 받았은즉 어찌하여 받지 아니한 것 같이 자랑하느냐?"(고전 4:7)라고 묻고 있다.

어거스틴과 프란시스를 비롯한 역사상 위대한 그리스도인들은 바울이 고린도 교회에 제기한 이 질문을 묵상함으로써 결정적인 영향을 받았다. 여기에는 한 가지 대답, '아무 것도 없다'만이 있을 뿐이다. 왜냐하면 우리는 삶에서 단 하나의 예외도 없이 모든 좋은 것들을 은혜로 받았기 때문이다.

당신을 주님께 드리고 싶어 헌신의 기도를 하고 있는가? 주일 성수하려고 노력하는가? 주님의 은혜에 감사하며 예배를 드리는가? 전도와 선교를 하고 있는가? 자신의 삶을 주님께 드리고 있는가? 그렇다면 당신은 비움의 단계에 있는 것이다.

Tip. 비움을 위한 찬송과 말씀

✳ 찬송으로 드리는 비움 기도

143장(웬 말인가 날 위하여)

442장(저 장미꽃 위의 이슬)

336장(환난과 핍박 중에도)

341장(십자가를 내가 지고)

323장(부름 받아 나선 이 몸)

✳ 묵상의 말씀

"삭개오가 서서 주께 여짜오되 주여 보시옵소서 내 소유의 절반을 가난한 자들에게 주겠사오며 만일 누구의 것을 속여 빼앗은 일이 있으면 네 갑절이나 갚겠나이다"(눅 19:8).

"그런즉 누구든지 그리스도 안에 있으면 새로운 피조물이라 이전 것은 지나갔으니 보라 새 것이 되었도다"(고후 5:17).

"나로 말미암아 너희를 욕하고 박해하고 거짓으로 너희를 거슬러 모든 악한 말을 할 때에는 너희에게 복이 있나니 기뻐하고 즐거워하라 하늘에서 너희의 상이 큼이라"(마 5:10-12).

누림의 신앙생활

125

"그러므로 너희가 그리스도와 함께 다시 살리심을
받으면 위의 것을 찾으라
거기는 그리스도께서 하나님 우편에 앉아 계시느니라
위의 것을 생각하고 땅의 것을 생각하지 말라"(골 3:1, 2).

chapter 15

신앙생활의 극치

"모든 것이 끝난 뒤 영광이었던가, 허무였던가?" 이것은 신학교 시절에 만난 루터의 문구이다. 이 글은 지금까지 우리의 가슴에 새겨져 맴돌고 있다. 누림의 영성은 허무가 아닌 영광에 이르도록 하는 길이다. 신앙생활의 극치는 '비움'이 아닌 '누림'이다. 그런데 많은 그리스도인들의 신앙생활이 '비움'의 영성에서 끝나는 경우가 많고, 온전한 '누림'을 누리지 못하고 있다.

우리는 그리스도로 채우고 난 후 비움의 삶을 살며 헌신한 가운데 많은 복을 받았다. 그런데 성도들이 생각하는 누림은 아쉽게도 '세속적' 누림이다. 예수 믿어 복 받은 것만 간증한다. 많은 그리스도인들이 물질적 풍요나 사회적 지위 상승 등 세속적 누림만 복으로 생각하고 '영적' 누림은 헤아리지 못하고 있다.

내가 성공했다면, 그 성공의 의미는 무엇인가? 자신의 성공, 그 자체에 침몰되어 있지 않은가? 세상적인 누림만을 즐거워하며 자랑하고 있다면 이것은 진정으로 내려놓은 것이 아니다. 욕심 가운데 누리고 있는 것이다. 기독교의 누림은 물질적 누림이 아니다. 만약 물질적 누림만으로 만족한다면 샤머니즘과 다를 바 없다는 사실을 기억하라. 그리스도인들이 세속적 누림을 만끽하며 사는 가운데 이것이 복이라고 주장한다면 신앙생활의 본질에서 떠나고 만 것이다.

여기에서 지금까지 행한 비움의 실체가 드러난다. 아마 "내가 너희를 도무지 알지 못하니"(마 7:23)라는 말씀은 이 부분에서 나온 듯하다. 목회자의 경우 열심히 헌신해서 교회성장을 이루었는데 그 성장이 자신을 위한 누림이 되고 말았다. 목회는 세속화되었고, 성적 타락의 모습도 있으며, 은퇴 시 돈을 요구하는 물욕이 더해졌다.

성도들은 어떨까? 가정을 지키고 있는가? 그리스도인의 수가 4분의 1이 되는 상황에서 우리나라 이혼율 세계 1위는 무엇을 의미하는가? 어떤 성도는 교회를 옮겨가면서 그동안 헌금한 것을 내놓으라고 당당히 말한다. 모든 업적을 자신이 이룬 것이라고 착각하고 있다. 사람들이 가장 흔히 하는 착각은 자신이 우주의 중심이고, 그래서 나는 특별하다는 것이다. 자신의 모습이 위대해 보여서 교만한 것인가?

어떤 사람은 기도를 많이 한다고 하는데 이런 질문을 하고 싶다. 그 많은 기도는 어떤 내용으로 채워져 있는가? 아직도 자신을 위한 기도로 대부분의 시간을 보내고 있는가? 예배는 어떤가? 나를 만족시키는 예배를 찾고 있는 것은 아닌가?

우리는 흔히 하나님께 찬양을 드린다고 말한다. 그러나 하나님은 우리의 찬양을 필요로 하는 분은 아니시다. 하나님은 우리에게 찬양을 요구하셨지만(사 43:21) 찬양이 필요해서 요청하신 것은 아니다. 우리가 찬양하는 이유는 하나님의 은혜에 감격하여 찬양하지 않을 수 없기에 하는 것이다.

기도도 마찬가지다. 하나님은 우리의 기도를 필요로 하시는 분이 아니시다. 오히려 하나님은 이 순간 우리를 위해 기도하고 계신다. 엄밀히 말하면 기도는 성령님이 내 안에서 하시는 일이시다(롬 8:26). 그런데 우리는 하나님을 위해 시간을 내서 기도한다고 착각한다. 그리고 기도를 많이 한다고 생색을 낸다. 그 기도는 나를 위해 스스로 하는 것인데도 말이다.

삶의 태도는 어떤가? 하나님 앞에 겸손이 있는가? 물질적으로나 성적으로 주님 앞에 떳떳한가? 내가 열심히 노력해서 성공했으니 그것을 누리자고 말하는가? 주님은 질문하신다. "어리석은 자여 오늘 밤에 네 영혼을 도로 찾으리니 그러면 네 준비한 것이 누구의 것이 되겠느냐"(눅 12:20).

누림의 영성은 세상의 누림과는 상관이 없다. 라오디게아 교인들은 세상의 누림을 자랑거리로 삼았다. 그러나 주님께서는 그들에게 "나는 부자라 부요하여 부족한 것이 없다 하나 네 곤고한 것과 가련한 것과 가난한 것과 눈 먼 것과 벌거벗은 것을 알지 못하는도다."(계 3:17)라고 책망하셨다.

누림의 신앙생활을 하는 이들의 기도는 더 이상 간구나 헌신을 위한 것이 아니라 홀로 주님 안에 있는 것이다. 관상기도로서 주님 안에서 즐거움을 누린다. 내 말은 사라지고 주님께서 하시는 말씀에 귀를 기울인다. 예배에서는 하나님을 찬양하고 영광 돌리는 것에 집중한다. 예배가 이전에는 나를 만족시키기 위한 것이었다면 이제는 주님께 집중한다. 어떻게 하나님의 이름에 영광을 돌릴 것인지 생각한다.

그러므로 누림 안에 있는 사람들의 삶은 다르다. 이들에게 단순한 삶은 누림의 한 측면이다. 우리가 주위에서 아는 사람들만 간략히 열거하면, 전 서울대 교수이며 현재 나눔국민운동본부 대표인 손봉호 박사는 평생 자가용을 타지 않고 절약한 돈으로 기부금을 낼 만큼 수많은 기부를 통해 세속적 누림이 아니라 영적 누림의 삶을 살고 있다. 슈퍼 옥수수의 개발자 김순권 박사의 아들 찰리 김은 넥스트 점프의 CEO로서 이윤의 50%를 복지를 위해 사용한다. 그는 아버지가 옥수수를 통해 세계를 변화시키려 했다면 자신은 기업을 통해 세상을 변화시키겠다고 말한다.

한경직 목사는 자신의 이름으로 땅 한 평, 집 한 채 사 본 적이 없고 평생 자신의 이름으로 된 통장 하나 없는 무욕과 청빈한 삶을 살았다. 숭실대학교 한경직 목사 기념관에 "물려줄 유산은 없다. 믿음을 지키라. 나라를 사랑하라."라는 그의 유언이 새겨져 있다. 거룩한 빛 광성교회 정성진 목사는 은퇴 기한을 정해놓고 정해진 사례금 안에서 생활한다.

존 웨슬리 목사는 신혼시절에 30파운드의 월급을 받았다. 웨슬리 목사는 28파운드 정도면 생활할 수 있다고 생각하고는 2파운드를 가난한 사람들을 위해 내놓았다. 그 다음 해에 웨슬리 목사의 월급은 60 파운드가 되었다. 그러나 그는 역시 28파운드만 생활비로 쓰고 나머지 32파운드는 가난한 사람들을 위해 내놓았다.

그 다음해에는 월급이 90파운드가 되었다. 마찬가지로 그는 28파운드를 제외한 62파운드를 내놓았다. 그 다음해에도 120파운드를 받았지만 변함없이 그의 몫은 28파운드였습니다. 수년이 지나고 웨슬리 목사는 저서와 그 명예로 훨씬 많은 수입이 들어오게 되었다. 그의 월수입은 40,000파운드까지 올랐으나 그가 사용했던 돈은 28파운드였다.

스데반은 자신에게 돌을 던지는 이들을 위해 용서하는 기도를 했던 사람이다. 바울은 그리스도 외에는 배설물로 여기며 단순한 삶을 살았다. 성도들이 누림의 삶을 산다는 것은 모든 것을 포기하는 것이 아니다. 사치하지 않으며 쓸데없는 낭비를 하지 않는 것이다. 누림의 영성을 가진 사람들의 삶은 항상 일정하다. 그 이상도 그 이하도 아니다. 스데반은 천국 누림을 통해 그 어려움을 이겨냈다. 노인들은 나이가 들수록 탄식하기보다는 천국을 누리는 신앙생활 해야 한다.

바울과 실라가 빌립보에서 복음을 전하다가 옥에 갇혔다. 바울에게 믿음의 눈이 없었다면 초조했을 것이다. 어떻게 해야 할 지 고민했을 것이다. 그러나 그들은 감옥 안에서도 기도하고 찬송했다. 환란과 핍박 가운데 누림 영성을 가진 이들은 성령 안에서 이겨낸다. 에녹은 하나님과 함께 살아감으로 죽음을 보지 않고 하늘에 들려 올라갔다. 젊은이들은 이 세상에서 하나님과 함께 사는 삶을 터득해야 한다.

예수님은 "하나님의 나라는 너희 안에 있느니라."(눅 17:21)라고 하셨다. 천국은 이 세상 속에 감춰져 있다. 누림의 영성을 가장 잘 표현하고 있는 것이 '내 영혼이 은총 입어'라는 찬송가 가사이다. 예수님을 만나면 슬픔 많은 이 세상도 천국으로 변하게 된다. 초막이나 궁궐이나 내주 예수 모신 곳은 그 어디나 천국이 된다.

누림의 영성의 극치는 성화이다. 우리는 이 세상을 떠나게 될 때 모든 업적은 두고 떠난다. 그런데 가지고 가는 것이 있다. 그것은 나 자신의 내적 모습니다.

하워드 러틀리지(Howard Rutledge)는 월남전에 참전했다가 포로가 되어 감옥에 갇혔을 때 비로소 "하나님 없는 내 삶이 얼마나 공허한 것이었는지를 깨닫게 되었다."라고 말했다. 왜냐하면 "이곳에는 목사도, 주일학교 교사도, 성경도, 찬송가도, 나를 인도하고 지켜 줄 믿음의 사람들이 아무도 없었기" 때문이었다. 아무 것도 없는 곳에서는 하나님만이 존재한다. 내가 죽는다면 나와 하나님만 남는 것이다.

기독교 신비주의는 나 자신이 소멸되는 것이 아니다. 우리는 주님 앞에서 나 자신을 보여야 한다. 그 때 우리의 성화된 모습이 남는 것이다. 우리는 예수 그리스도에게 모든 것을 맡기고 살아가고 있다. 그리고 중요하게 관심을 가지는 것은 우리 자신의 성화다. 오늘 기도하면서 하나님 안에 있는 것이 좋은가? 예배하면서 하나님을 찬양하는 것이 좋은가? 나의 삶은 단순하며 세상 것을 누리는 것보다 영적인 기쁨을 누리며 하나님과 타자를 위해 살고 있는가? 그렇다면 당신은 누림의 단계에 있는 것이다.

chapter 16

나눔에서의 누림

가난하게 살던 어떤 사람이 갑자기 큰 부자가 되었다. 소원하던 대로 방이 매우 많은 집을 지었다. 집이 완성된 후 그는 모든 방을 누리기 위해 한 방에서 한 시간씩 잠을 자며 방을 옮겨 다녔다. 그 바람에 그는 하룻밤도 편하게 잠을 자지 못했다.

많이 가졌지만 누리지 못하는 사람이 있고, 적게 가졌지만 충분히 누리는 사람이 있다. 좋은 아내를 두고도 불나방처럼 밤거리를 헤매는 사람, 건강한 남편을 누리지 못하고 날마다 이웃집 남자의 풍요로움을 부러워하는 아내, 공부 잘하는 아이들만 보며 늘 짜증을 내며 자식들에게 스트레스를 주는 부모, 그들은 진정 누림이 무엇인지 모르는 사람들이다.

아무리 좋은 것을 주어도 누리지 못하면 그것은 진정한 복이 아니다. 가장 고상한 누림은 내가 누리는 것을 남도 누릴 수 있도록 하는 것이다. 예수님의 십자가를 통해 죽음으로부터 생명을, 죄의 속박으로부터 자유를, 절망으로부터 희망을 누린 사람들은 그 누림을 다른 사람도 누릴 수 있도록 베풀어야 한다.

어느 날 선교사님 한 분이 함께 사역하는 목사님에게 질문을 했다. "궁금한 게 있는데, 왜 예수 믿는 사람들의 표정이 항상 저렇게 울상이죠? 특별히 한국 교인들은 예배당 안에만 들어오면 짜증스럽고 울상인 분위기가 되는 것은 무엇 때문인가요?"

목사님은 한참 생각하다가 별로 신통한 대답이 생각나지 않아서 이렇게 대답했다. "그것은 한국 교인들이 늘 주님의 십자가를 묵상하기 때문에 그렇습니다." 그러자 선교사님은 웃으면서 다시 반문했다. "아니, 한국 교인들은 그 예수님이 다시 사신 것을 잊어버렸나요?"

이 이야기는 우리의 신앙생활에 기쁨이 부족하고 그리스도 안에서의 제대로 누리지 못하고 있다는 사실을 일깨워준다. 실제로 많은 성도들이 그리스도인으로 살아가는 것을 기뻐하기보다는 힘겨워 한다. 사랑하고 섬기고 나누는 일을 부담스러운 일로 여기고 희생하는 것으로 생각한다.

하지만 그것이 주안에서 누리는 기쁨이고 즐거움이다. 그리스도인의 경건은 유행에 뒤떨어진 옷을 입고, 오락을 반대하고, 자신에 대해 지나치게 엄격하고, 즐겁게 사는 것을 반대하는 것으로 생각하면 오해다.

하나님은 우리의 슬픔보다 기쁨을 훨씬 더 원하신다. 우리가 맑고 밝고 환하게 살기 원하신다. 우리가 꾸어주고 나누어주고 베풀면서 살기를 원하신다. 하나님은 믿음의 조상 아브라함으로 말미암아 복을 얻을 것이라고 하셨고(창 12:3), 순종하는 자들에게 꾸어줄지라도 꾸지 아니하는 복을 약속하셨다(신 28:12). 예수님은 "주는 것이 받는 것보다 복이 있다."라고 말씀하셨다. 주는 것이 복이 있는 이유는 줌으로써 기쁨과 즐거움을 누릴 수 있기 때문이다.

스위스의 내과 의사이며 신학에 조예가 깊은 평신도 강연, 저술가인 폴 투르니(Paul Tournier)에는 "선물을 주는 것은 사실상 다른 사람에게 주는 것이 아니라 자신에게 주는 것"이라고 말했다. 이 알쏭달쏭한 진리는 논리적 설명보다는 미국 역사상 최고 부자였던 록펠러의 삶에서 확인하는 것이 쉬울 것이다.

록펠러는 52세 때 근무력증, 탈모증, 불면증, 위궤양 등으로 인해 먹지도, 자지도 못하고 나무막대기처럼 말라갔다. 죽음의 문턱에 이르자 정유회사를 키워가는 과정에서 경쟁업체 협박, 문어발식 확장, 중소기업 기술 빼앗기, 주가 조작, 세금탈세 등 온갖 악행을 저지르면서 악착같이 모았던 재산도 그에게 아무런 의미가 없었다.

그때 그의 삶을 바꾼 것은 누가복음 6장 38절의 말씀이었다. "주라 그리하면 너희에게 줄 것이니 곧 후히 되어 누르고 흔들어 넘치도록 하여 너희에게 안겨 주리라." 록펠러는 당장 자신의 부를 나누기 시작했다. 그런데 엄청난 기부를 했지만 그의 소유는 줄지 않았고 놀랍게도 기부를 시작한 지 불과 12개월이 됐을 때 그는 건강을 회복했다. 이후 그는 97세까지 장수했다.

최근 심리학자들은 주는 사람이 더 건강하고, 행복하고, 장수한다는 연구결과를 발표했다. 남에게 주는 사람이 고통과 아픔을 적게 느끼고, 정신적으로 더 건강하며, 스트레스도 적고, 질병에도 덜 걸린다는 것이다.

미국 최초의 국제 금융인이며 대규모 자선 사업의 선구자였던 조오지 피바디(George Peabody)는 사람도 자신의 막대한 재산을 자선 사업과 교육 사업을 위해 내놓은 후에 이런 멋진 말을 했다. "내 평생에 걸쳐 피와 땀을 흘려 모은 자산을 내놓는 것은 확실히 어려운 일이었다. 그러나 결단을 하고 내놓았을 때, 재산을 모으는 기쁨에 비할 수 없는 신비로운 기쁨이 있었다."

인간이 죽은 후에 가지고 갈 수 있는 것은 무엇일까? 그가 이 세상에서 영향력을 끼쳤던 명예, 물질, 성공, 자랑, 교회 건물을 가지고 갈 수 있을까? "우리가 세상에 아무 것도 가지고 온 것이 없

으매 또한 아무 것도 가지고 가지 못하리니"(딤전 6:7)라는 말씀
처럼 인간은 죽으면 아무 것도 가져갈 수 없다. 인간이 죽은 후에
남는 것은 오직 한 줌의 재뿐이다.

그런데 우리가 죽은 후에도 남는 것이 있다. 첫째로, 우리의 내
적인 모습이 남는다. 교회가 진정한 기독교 정신을 잃어버리고 단
순한 관습과 제도로 굳어버렸다고 생각함으로 이단자 취급을 받
았던 실존주의 철학자 쇠렌 키에르케고르(Soren Kierkegaard)는
늘 기도로 하나님 앞에 단독자로 서 있었다. 그 때 얻을 수 있는
결론은 그리스도에게서 나온 것이었다.

우리는 마지막 날 반드시 심판대 앞에는 혼자 서게 될 것이다.
그 때 우리는 죽은 후 어떤 모습으로 하나님 앞에 서게 될까? 거짓
으로 가득 찬 모습이거나 성화된 자의 모습이 될 것이다. 이 세상
의 모든 것은 사라지지만 우리의 본성은 남는다. 즉 우리의 내적
인 모습이 남는 것이다. 우리는 장차 하나님 앞에 서게 될 나의 모
습은 어떠할 지 상상해 본다.

둘째로 우리는 하나님의 은혜로 받은 것을 가지고 남을 위해 사
용한 것들이 남는다. 예수님께서 지극히 작은 자에게 한 것이 곧
나에게 한 것이며, 냉수 한 그릇도 잊지 않으실 것이라고 말씀하
셨기 때문이다. 그것은 보상을 받기위한 우리의 업적을 말하려는
것이 아니라 단순히 내가 행한 자로 내 안에 새겨져 나의 모습으

로 남는다는 의미이다.

종종 인생의 말년에 자신의 전 재산을 사회로 환원하는 사람들을 볼 수 있다. 사회 환원은 좋은 일이고 권장되어야 한다. 그러나 그것은 자기반성의 차원일 뿐 그의 삶을 보상해 주지 않는다. 어떤 경우에는 전 재산 사회 환원이 가족들에게 상처를 주는 무책임한 행동이 되기도 한다. 재산을 처분하는 것으로 인생을 보상받으려 하지 말고 하나님과 가족과 이웃과의 관계 속에서 사랑을 나누면서 남은 인생을 의미 있게 살려고 노력하는 가운데 행복을 맛볼 수 있어야 할 것이다.

슈바이처가 운영하는 아프리카의 랑바레네 병원에는 궂은일을 도맡아 하는 마리안 프레밍거(Marian Premringer)라는 미모의 간호사가 있었다. 헝가리 귀족의 딸로 태어난 그녀는 모든 악기의 연주에 능했으며 비엔나에서 가장 유명한 연극배우로 명성을 떨쳤다. 그녀는 두 번 결혼했다. 첫 남편은 의사였고, 두 번째 남편은 헐리우드의 영화감독 오토 프레밍거였다.

그녀는 어느 날, 슈바이처의 찬송가 연주를 듣고 결심했다. '지금까지 내 인생은 허상일 뿐이었다. 남을 위한 삶에 진정한 가치가 있다.' 이에 프레밍거는 그 자리에서 아프리카 행을 결심했다. 그리고 20년 동안 슈바이처가 운영하는 병원에서 흑인 병자들을 위해 사랑을 베풀다가 눈을 감았다. 프레밍거가 남긴 마지막 말은

"남을 위한 삶이 이렇게 행복한 것을 …"이었다.

인간은 타락으로 인해 악한 면도 있지만 하나님의 형상대로 지음을 받았기 때문에 본질적으로는 선을 추구한다. 그래서 선을 행하는 자들에게 박수를 보내고 자기 밖에 모르는 이기적인 태도를 뱀을 보듯 싫어한다. 인간은 남을 위해 살 때 행복감을 맛볼 수 있도록 지음 받았다.

우리는 인생의 참된 가치와 행복을 생각할 때 셸 실버스타인 (Shel Silverstein)의 『아낌없이 주는 나무』가 주는 교훈을 음미하곤 한다. 나무는 소년에게 주고 또 주었다. 다 주고 마지막에 나무 밑동만 남게 되었다. 늙어버린 소년이 찾아왔을 때 나무는 앉아서 쉬라고 권했다. 나무는 행복했다. 그에게 쉴 자리를 제공해 주었기 때문이다.

실버스타인은 "나무는 행복했다."라는 말로 종지부를 찍었다. 그는 이 작품에서 아낌없이 주는 나무와 대비하여 오랜 세월 나무에게 온갖 혜택을 받으면서도 주는 행복을 배우지 못한 인간의 어리석음을 꼬집었다. 인간 삶의 고귀함과 아름다움은 남을 위한 삶과 나눔에 있다.

성숙하지 못한 사람은 받으려고만 한다. 받음으로써 기쁨을 누리려 한다. 하지만 성숙한 사람은 나누는 것을 좋아한다. 나눔으로써 기쁨을 누린다. 참다운 행복은 무엇을 얼마나 많이 소유하고 있느냐가 아니라 무엇을 줄 수 있느냐에 달려 있다. 미성숙한 그리스도인은 받기 위해서 기도하지만 성숙한 그리스도인은 주기 위해서 기도한다.

예수님이야말로 '아낌없이 주는 나무'이시다. 예수님은 근본 하나님의 본체시나 동등 됨을 취할 것으로 여기지 아니하시고 자신을 비우고 사람의 모습으로 이 땅에 오셨고, 자기를 낮추시고 목숨까지 아낌없이 내어주셨다(빌 2:6-8). 우리는 예수님을 본받아 살면서 나눔의 기쁨을 맛보아야 한다. 그것이 우리 신앙생활에서 이루어져야 할 누림이다.

나누는 일은 부자들이나 할 수 있는 것으로 사람들은 생각한다. 많이 가지고 있어야만 나눌 수 있는 것이 아니다. 나누고자 하는 마음이 있어야 한다. 많이 가지고 있어도 부족함을 느끼면 그는 실상 가난한 자다. 비록 가진 것이 적을지라도 나눌 수 있는 넉넉한 마음을 가진 사람이 진정한 부자다.

나보다 남을 배려하고 섬기는 곳에 기쁨이 있고 행복이 있다. 다른 사람을 먼저 생각하고 행동할 때 행복의 기초가 세워진다. 행복은 아낌없이 나누어 주고 베푸는 사람의 것이다. 신앙생활에 누림이 있어야 한다. 그리스도인은 주안에서 누리는 기쁨과 즐거움, 그리고 행복을 당당하게 말할 수 있어야 한다.

chapter 17

비운 자의 누림

비움은 누림으로 나가야 한다. 예수 그리스도 안에서 자유를 얻은 사람은 하늘의 가치로 인해 그리스도와 함께 살고 그리스도와 함께 죽는다. 그리스도인은 하나님의 은혜로 채워진 자들이다. 또한 그 은혜 안에서 비운 자들이다. 그리고 채움과 비움 가운데 삶을 누리는 자들이다.

계절이 바뀌면 계절에 맞는 새 옷을 꺼내면서 안 입는 옷들을 보관하느라 한바탕 물건 정리를 하게 되고, 덩달아 집안 정리까지 하게 된다. 구석구석 차곡차곡 쌓아두었던 옷가지나 물건들을 꺼내 놓으면 한 방 가득하다. 그때마다 사용하지 않는 것들이 너무 많다는 생각을 하게 된다.

나부터 사람들은 잘 버리지 못한다. 그래서 온 집안 구석구석에 물건들이 가득 쌓여 있다. 어떤 물건은 10년, 20년이 되었어도 한 번도 사용하지 않은 것이 있고, 결혼할 때 마련한 30년씩 묵은 물건들도 꽤 많다. 물론 추억이 담겨 있고, 놔두면 언젠가는 쓸 것이라는 생각으로 쌓아두지만 5년, 10년이 지나도록 사용하지 않는 것이라면 이제는 정리해야 한다.

옛날에는 가정에서 명절을 보내며 큰일들을 치렀기 때문에 집안에 온갖 것들을 다 가지고 있어야 했다. 그러나 지금은 결혼식, 장례식, 돌잔치 뿐 아니라 이제는 명절 등 거의 모든 행사를 집 밖에서 하고 있다. 그렇기 때문에 굳이 큰 집을 가지고 있을 필요도 없고, 집에 많은 것들을 쌓아둘 필요도 없다. 이제는 시대에 맞게 간편하게 살아야 한다. 이불장, 옷장을 정리하고, 집안 구석구석에 쌓인 것들을 정리하고 비워야 할 필요가 있다.

우리가 단순하게 살아야 할 이유는 물질의 노예 상태에서 벗어나서 그것을 즐길 수 있는 자유인이 되기 위한 것이다. 리처드 포스터(Richard J. Foster)는 열두 가지 영성훈련 중 하나로 단순성 훈련을 제시했다. 그는 『영적 훈련과 성장』에서 "우리들 가운데는 소유물 절반 정도가 없어도 큰 어려움 없이 살아갈 수 있는 사람들이 많다."라고 했다.

그의 지적대로 우리는 절반을 덜어내도 될 만큼 충분히 차고 넘치는 삶을 살고 있다. 굳이 더 이상 가지려고 노력할 필요가 없다. 그럼에도 불구하고 사람들이 과도하게 소유하는 이유는 무엇일까? 아서 귀쉬(Arthur G. Gish)는 "우리는 우리가 원해서 물품을 사는 것이 아니라 사람들에게 어떤 인상을 주기 위해 그것을 산다."라고 했다.

필요 없는 물품을 쌓아두는 일은 생활을 복잡하게 만든다. 우리의 마음도 마찬가지다. 그리스도인들은 하늘에 소망을 두고 사는 자답게 비우며 사는 일에 모범이 되어야 한다. 내가 가진 것들을 정리하고, 욕심을 정리하고, 필요 없는 물건들을 정리해서 필요한 사람에게 싸게 팔거나 어려운 사람에게 나누어 주는 습관을 길러야 한다.

사람들은 소유한 물건과 자신을 동일시하는 경향이 있다. 그래서 물건을 잃어버리면 자신을 잃어버린 것처럼 생각한다. 그러나 비움은 자기 상실이 아니라 자신을 찾아가는 과정이다. 자신을 잃어버릴 정도로, 숨 막히게 쌓여 있던 수많은 물건들로부터 벗어나, 집 안에 빈 공간을 만들면 그 속에서 오히려 자신이 발견될 것이다.

오늘날 재물은 사람들에게 우상으로 자리 잡고 있다. 교인들도 세상 풍조에 휩싸여 물질을 우상시하고 있다. 물질이 우상이 되면 주객이 바뀐다. 사람이 물질의 종이 된다. 예수님은 한 사람이 두

주인, 곧 하나님과 재물을 겸하여 섬기지 못한다고 경고하셨다
(마 6:24).

사람의 눈이 둘이지만 그렇다고 해서 동시에 이쪽과 저쪽을 볼
수 없다. 귀가 둘이지만 사람들이 동시에 말을 하면 헷갈려서 들
을 수가 없다. 당장 한 사람씩 말하라고 할 것이다. 사람의 마음도
마찬가지이다. 이것과 저것 두 가지를 동시에 사랑할 수 없다. 사
랑은 배타적이다. 어느 하나를 사랑하면 다른 것에 대해서는 상대
적으로 무관심해진다.

그렇기 때문에 예수님은 사람이 돈을 미워하며 하나님을 사랑
하든지, 아니면 돈을 중히 여기며 하나님을 경히 여기든지 하는
것이지 하나님과 재물을 겸하여 섬기지는 못한다고 하셨다. 어느
하나를 선택하라는 제안이 아니라 한 주인 하나님만 섬기고 다른
한 주인 돈을 제자리로 끌어내리라는 것이다.

사람들은 재물을 자기 목숨처럼 대단하게 여긴다. 재산 문제가
생기면 부모도 형제도 없다. 돈 때문에 친구와 원수가 된다. 이 재
물은 내가 뼈 빠지게 일해서 모은 것이라고 생각하기 때문이다.
그러나 성경은 "네 하나님 여호와를 기억하라 그가 네게 재물 얻
을 능력을 주셨음이라."(신 8:16)라고 말씀하고 있다.

그리스도인은 재물에 있어서도 하나님의 청지기이다. 내가 소
유한 모든 것은 나의 것이 아니고 하나님께서 잠시 맡겨 주신 것

이라는 청지기 정신으로 살아야 한다. 청지기는 주인이 요청하면 언제든지 내 놓아야 한다.

수도원 운동을 일으킨 안토니(Anthony)는 예루살렘 교회와 사도들의 생활을 깊이 생각하면서 교회에 들어서는데 "네가 온전하고자 할진대 가서 네 소유를 팔아 가난한 자들에게 주라 그리하면 하늘에서 보화가 네게 있으리라."(마 19:21)라는 말씀이 낭독되고 있었다. 그는 그 말씀을 하나님의 음성으로 여겼다. 그는 즉시 집으로 달려가 부모가 남겨 준 약 37만평의 기름진 땅을 마을 사람들에게 모두 나눠주었다. 그는 신앙생활을 완전에 목표로 둔 가운데 주님께 그의 삶을 드렸던 것이다.

존 웨슬리(John Wesley)가 살았던 18세기는 사상적으로는 합리주의와 계몽주의의 시대였다. 사회적으로는 물질적 이익 추구가 사람들의 일대 관심사였던 시대였다. 이러한 사회 풍조는 당연히 교회에도 큰 영향을 주어서 교회는 갈수록 세속화되어 갔다. 이 시대의 영국은 역사가들이 '병든 세기'라고 표현했을 정도로 부패했고 깊은 암흑 속에 있었다.

1724년에 리치필드 주교가 한 설교에서 당시의 부패 상황이 어느 정도였는지 알 수 있다. "일요일이 지금에는 마귀의 장날이 되었다. 한주일 동안을 통틀어서 보다 더 많은 음란행위, 과음, 싸움과 살인 등 범죄가 계획되고 행해지고 있다. 강한 알콜 음료가 이 위대한 도시의 유행성 병으로 퍼져 있다."

이러한 시대에 하나님께 쓰임 받은 웨슬리는 그리스도의인의 성화를 강조했고, 성화를 추구하는 삶의 모범을 보여주었다. 그는 부흥회를 다니면서 많은 사례를 받았지만 언제나 동일한 생활비를 사용하고 나머지는 모두 가난한 자들을 위하여 사용했다. 그는 무명일 때나 유명할 때나 지출이 한결 같았다. 그가 세상을 떠났을 때 남겨진 재산은 은수저 두 개 뿐이었다. 그러나 그의 헌신과 믿음으로 산 삶으로 말미암아 그는 영국의 작은 마을들에도 알려진 사람이었고 구경 너머까지 알려지게 되었다.

웨슬리와 동시대 인물인 조지 휫필드(George Whitefield)도 교인들로부터 헌금을 걷는 일에 뛰어난 수완을 발휘하였지만, 그는 그 돈을 모두 가난한 고아들을 위한 수용 시설을 운영하는 것과 구제 사업에 모두 사용하였고 가난한 삶을 자처했다.

단순하게 살기 위해서는 먼저 그의 나라와 그의 의를 구해야 한다. 우리가 마음의 중심을 그의 나라와 그의 의를 구하는데 맞추게 될 때 내적인 진실함을 가질 수 있다. 그렇지 않고 단순성의 외적 생활양식을 소유하려는 시도는 율법주의에 이르게 할 뿐이다.

비움은 누림으로 나가야 한다. 예수 그리스도 안에서 자유를 얻은 사람은 하늘의 가치로 인해 그리스도와 함께 살고 그리스도와 함께 죽는다. 그리스도인은 하나님의 은혜로 채워진 자들이다.

또한 그 은혜 안에서 비운 자들이다. 그리고 채움과 비움 가운데 삶을 누리는 자들이다.

집안을 정리하고 쓰레기를 버리고 나면 마음도 깨끗하고 홀가분해진 느낌이 든다. 단순성은 자유이다. 우리는 하나님이 단순성을 통하여 주시는 자유를 누리기 위해서 비우고 또 비우며 살아야 한다. 쌓아둔 물건들을 정리하여 비우고 온갖 복잡한 생각들을 버리고 단순하게 살아야 쉽게 떠날 수 있다.

부자는 가진 것을 잃어버릴까봐 항상 두렵지만 가진 것이 없는 자에게는 잃어버림에 대한 두려움이 없다. 자신을 비우고 이 땅에 오신 예수님은 안락한 삶과 물질적인 누림을 포기하셨다. 두 벌 옷도 소유하지 않으셨고 때로는 자기 머리 둘 곳도 없으셨다. 예수님은 이 세상 것 그 무엇에도 마음을 두지 않으셨다. 그래서 예수님은 두려움 없이 당당하게 떠나실 수 있었다.

단순한 삶으로 부름을 받은 그리스도인은 어느 때든지 주님께서 오라 하시면 그 즉시 따라나설 수 있을 만큼 비우고 살아야 한다. 버리고, 나누면 말끔히 비워진 공간만큼 삶의 여유가 생기고 마음도 개운해진다. 이것은 비운 자만이 누릴 수 있는 행복이다.

'채움'에서 '비움'의 신앙으로 발돋움한 이들은 남다른 수고를 한 이들이다. 그런데 여기에서 멈추면 안 된다. 만약 멈추면 고인 샘물처럼 썩게 된다. 하나님의 이름으로 이룬 업적을 자신의 공로로

포장하고 하나님이 서야 할 자리에 인간들이 서 있다. 이것은 교만의 바벨탑을 쌓는 것이다.

오늘날 한국 교회의 개혁은 목회자와 성도들이 얼마나 '누림'의 상태에 도달하느냐에 달려 있다. 누림의 대표적인 것이 성화된 자의 삶이다. 마르틴 루터가 유럽에서 '오직 믿음, 오직 은혜, 오직 성경'의 원리를 세우므로 종교개혁을 일으켰다면, 오늘 한국에서 필요한 개혁은 '오직 은혜, 그리고 개인 성화, 사회 성화'이다.

요즘 하나님의 은혜를 말하는 사람이 그리 많지 않다. 교회를 크게 성장시키면 자신의 능력으로 이룬 것처럼 말한다. 양적인 성장을 잘 관리해서 영적인 성장으로 승화시켜야 하는데 양적인 성장을 최고의 가치와 궁극적인 목표로 추구하면서 세속화를 불러왔다. 이런 분위기에서는 성화를 기대할 수 없다. 그 결과 사회에서 인정받는 그리스도인이 드물게 되었다.

성화를 추구하면서 주의할 점이 있다. 먼저 성화는 우리 스스로 만들어 나가는 것이 아니라는 점이다. 우리가 성화될 수 있도록 하나님 앞에 우리를 두는 가운데 이루어지기 때문이다. 또 하나는 성화를 위한 노력이 자칫하면 율법으로 전락할 수 있다는 점이다. 성화는 그리스도인의 목표이지만 이것을 절대적인 목표로 삼아서는 안 된다. 성화가 우리를 구원해 주는 것이 아니라 그리스도의 은혜로 구원받기 때문이다. 반드시 성화에 도달해야만 하는 역압에 빠져서는 안 된다. 목표는 목표일뿐이다.

주님은 어떤 과제를 주시고 거기에 도달하는 것을 바라는 것이 아니라 우리의 바른 삶을 원하신다. 즉 우리가 성취하고자 하는 것을 이루어 가는 과정을 원하신다. 철학자 칸트의 표현을 빌리면 '수단'이 아닌 '목적'을 원하신다. 우리는 항상 목표에 매여 과업 성취만을 바라본다. 바리새인들의 실수가 여기에 있었다. '누림'은 비움의 단계에 있는 이들이 예수 그리스도 안에서 삶의 자유와 만족을 누리게 하는 것이다.

chapter 18

작은 자와의 누림

최고와 최대가 사람들의 생각을 사로잡고 있다. 사람들은 큰 것을 좋아하고 자랑한다. 현대인의 슬로건은 '더 크게, 더 빨리, 더 많이'이다. 사람들은 사이즈에 매혹 당한다. 크기로 거의 모든 것을 정당화할 수 있다. 세상은 세계 최고 높이의 빌딩을 비롯해서 최고 속도의 열차 등 온갖 분야에서 최고와 최대라는 타이틀을 얻기 위해 치열한 자존심 경쟁을 벌이고 있다.

인간관계에 있어서도 큰 자와 가까이 하기 원하며 큰 자와의 친분을 자랑거리로 삼는다. 대화를 하다보면 사람들은 자기 주변의 큰 자와 어떻게 해서든지 자신을 연관시키고 동일시하여 자신을 큰 자로 드러내고 싶어 한다.

예수님의 제자들도 큰 자가 되고 싶어 했고 노골적으로 예수님께 "천국에서는 누가 크니이까?"(마 18:1)라고 물었다. 마가복음에서는 제자들이 길에서 이 문제를 가지고 말다툼한 사실을 밝히고 있다(막 9:34). 아마 베드로와 야고보와 요한은 모두 자기가 제일 크다고 주장했을 것이다. 베드로는 셋 중에서 자신이 최고 지도자일 것이라고 생각했을 것이고, 우뢰의 아들인 야고보와 요한은 큰 소리로 반대했을 것이다.

참으로 저속하고 어리석은 논쟁이었다. 거의 3년을 예수님과 함께 생활한 제자들이었지만 예수님의 심정을 헤아리지 못했고 시시각각 다가오는 십자가의 죽음을 앞두고 제자들은 누가 크냐고 다툼을 하고 있었다. 그러자 예수님은 한 아이를 불러 그들 가운데 세우시고 "너희가 돌이켜 어린 아이들과 같이 되지 아니하면 결단코 천국에 들어가지 못하리라 그러므로 누구든지 이 어린 아이와 같이 자기를 낮추는 사람이 천국에서 큰 자니라."(마 18:3, 4)라고 대답하셨다.

예수님은 이후에도 "너희가 여기 내 형제 중에 지극히 작은 자 하나에게 한 것이 곧 내게 한 것이니라."(마 25:40)라고 자신과 작은 자를 동일시 하셨다. 큰 자와 동일시하는 세상 사람들의 모습과 정반대였다. 우리가 예수님을 섬기고자 한다면 큰 자에게 뿐 아니라 지극히 작은 자에게도 관심을 가져야 한다.

작은 자와의 누림을 보여준 대표적인 사람은 프란시스이다. 그는 가난한 사람을 통해서, 특히 나병환자를 통해서 그리스도를 만나게 되었기에 작은 자와 함께 하는 것은 자연스러운 일이 되었다. 그에게 가난한 사람은 하나님께 나아가는 길이었고 누림이었다. 그래서 '이해 받고, 사랑 받고, 용서 받기'보다는 '이해하고, 사랑하고, 용서하는' 삶을 살았다.

사람들은 작은 자를 섬기는 것을 비푸는 것이고 희생인 것처럼 생각한다. 그러나 헨리 나우웬(Henri Nouwen)에게는 그것이 오히려 누림이었다. 헨리 나우웬은 필립 얀시(Philip Yancey), 루이스(C. S. Lewis)와 함께 세계인들의 마음을 움직인 영성가로서 화란이 낳은 신학자요, 심리학자요, 저술가로서 수많은 사람들에게 존경과 사랑을 받았다. 그는 30대에 미국 예일대 교수, 49세에 하버드대 교수가 되었다.

그런데 어느 날 그가 하버드 교수직을 버리고 캐나다 토론토에 있는 장애인 시설로 홀연히 떠났다. 사람들은 그의 행동을 이해할 수 없었다. 왜 그랬을까? 1985년 초 불란서에 있는 라르쉬 공동체(L'Arche Community)의 한 지도자가 예일대 헨리 나우웬 교수를 방문했다. 이때 그는 처음으로 그곳의 정신지체아들에 대한 이야기를 들으며 큰 감동을 받았다. 그러면서 생각했다. '세상에는 이런 사람들도 있었구나! 그리고 이런 장애인들을 섬기면서 사는 고

귀한 사람들도 있구나!'

얼마 후 헨리 나우웬 교수는 라르쉬 공동체의 장바니에(Jean Vanier) 원장으로부터 "정신지체아들을 위한 수양회가 열리는데 강사로 와 주면 좋겠다."라는 편지를 받았다. 그곳에 가보니 그 수양회는 침묵 수양회(Silent Retreat)였다. 사람들은 사흘 동안 말을 하지 않고 행동으로만 남을 섬기고 있었다. 그도 역시 사흘 동안 아무 말 없이 정신지체아들과 함께 동고동락하면서 행동으로만 도와주고 돌아왔다.

1985년 가을, 헨리 나우웬 교수는 하버드대 교수직을 포기하고 캐나다 토론토 근교에 있는 '데이 브레이크 커뮤니티(Day Break Community)'로 향했다. 이곳은 정신지체아를 위해 새로 생긴 공동체였다. 이곳에는 단 6명의 정신지체아들이 있었다. 그러니까 그는 6명의 장애아들을 위해 교수직을 포기했던 것이다.

그는 일지에 이렇게 기록했다. "이상하다. 이것은 희생이고 이것은 지금까지의 삶을 뒤엎는 나의 새로운 삶이었음에도 불구하고 웬일인가! 이상한 마음의 평안이 … 이 놀라운 평안이여, 자유여, 자유여!"

그리고 자기 친구에게 놀랍고도 충격적인 고백을 담은 편지를 보냈다. "나는 이 사람들을 돕기 위해서 여기에 왔다고 생각한다. 그런데 나는 이 공동체에 와서 처음으로 고향을 찾은 것 같은 감정을 느낀다. 탕자였던 내가 오히려 집으로 돌아온 것을 느낀다. 그리고 나는 이 사람들을 돕고 이 사람들을 치료하기 위해서 온 것만은 아니다. 우리 공동체 6명 중 아담이라는 청년이 있는데 그는 정신지체아였지만 깨끗하고 투명한 영혼을 가졌다. 그의 영혼과 부딪치면서 그가 나를 치료하고 있다. 그가 나를 치료하고 있다. 나에게 붙어있던 찌꺼기, 그런 거짓된 위선, 가면, 이런 것들이 찢겨 나가도록 내가 섬기고 있는 아담이 내 영혼을 치료해주고 있다."

이것은 놀라운 발견이었다. 그리고 나서 나중에 그는 정신지체아들도 시간은 걸리지만 그들도 예수님을 영접할 수 있고 그들도 그리스도의 사랑에 반응하는 모습을 보기 시작했다. 헨리 나우웬은 세상을 떠나기 직전에 이렇게 말했다. "나는 내 사랑하는 우리의 이웃들을 통해서 우리 주님 그리스도를 새롭게 경험했다. 나는 참 행복했다. 나는 참 행복했다."

마더 테레사도 비슷한 고백을 했다. 그녀는 인도의 캘커타 거리에서 버림받은 자들을 데려다가 사랑으로 돌보아준 사역을 했다. 사람들은 그가 사랑으로 돌보아 준 일에 대하여 관심을 갖고 그녀를 칭송했다. 그러나 그녀는 "내가 그들에게 준 것보다 그들이 나에게 준 것이 더 많다."라고 했다. 이것이 작은 자와의 누림이다.

우리가 특별한 곳이나 먼 곳으로 가야만 남을 위한 삶을 살 수 있는 것이 아니다. 우리 주변만 둘러봐도 관심을 바라는 많은 사람들이 있다. 남을 위한 삶은 가장 가까운 가족들을 돌보는 일로부터 시작되어야 한다(막 7:11, 12; 딤전 5:8).

19세기 미국 역사에 그 이름을 빛낸 외교관 찰스 아담스는 매일 일기를 썼다. 그는 어느 날 일기장에 다음과 같이 기록했다. "오늘은 아들과 함께 낚시를 다녀왔다. 하루를 낭비해 버리고 말았다." 그의 아들은 나중에 미국의 유명한 역사가가 된 부르크 아담스였다. 아들도 어려서부터 일기를 썼는데 그의 일기장에는 똑같은 날짜에 이렇게 기록되어 있었다. "오늘은 아빠와 함께 낚시를 다녀왔다. 나의 일생에 가장 기쁜 날이었다."

아이들에게는 아빠, 엄마와 함께 하는 시간이 가장 행복한 시간이다. 그런데 어른들은 아이들을 사랑한다고 하면서도 아이들을 소외시킬 때가 많다. 모처럼 가족들끼리 놀러 가도 어른들은 어른들끼리, 아이들은 아이들끼리 논다. 우리나라 아버지들이 늘 하는 말은 있다. '바빠서 안 돼.' 그 이유는 가족들을 잘 입히고 잘 먹이기 위해서 나가서 돈을 벌어야 한다는 것이다. 그러나 그 말에 감동을 받는 가족들은 아무도 없다. 아이들이 바라는 것은 관심과 돌봄이다.

사람들은 거창한 일에 환호하며 큰 일 하는 것을 자랑스럽게 생각하지만 하나님의 관심은 작은 일, 작은 자에게 있다. 예수님이

'내 형제'라고 부른 지극히 작은 자들은 누구인가? 그들은 세리장 삭개오, 부도덕한 사마리아 여인, 혈루증으로 소외된 여인, 가난한 동네 베다니의 나사로였다. 소외되고, 가난하고, 병들고, 바닥 인생을 사는 자들을 예수님은 형제처럼 여기셨고, 그들을 차별하지 않으시고 인정하고 그들의 상한 심령을 어루만져 주셨다.

예수님에게는 작은 자가 없다. 예수님에게는 그 어떤 사람도 소중하지 않은 사람이 없다. 작은 자를 향한 하나님의 사랑을 깨달은 마더 테레사는 이런 고백을 했다. "나는 하나님의 몽당연필이다. 하나님은 작은 몽당연필로 좋아하는 것을 그리신다. 하나님은 우리가 아무리 불완전한 도구일지라도 그것으로 너무나 아름다운 그림을 그리신다."

사람들은 작다고, 조금이라고 무시하고 쉽게 내버린다. 그러나 천리 길도 한 걸음부터 시작되고, 만리장성도 벽돌 한 장부터 시작되고, 울창한 숲도 도토리 한 알에서 시작된다. 티끌 모아 태산이다. 충성은 거창한 것이 아니다. 작은 것의 가치를 알고 작은 일이라도 최선을 다하는 것이 충성이다. 하나님은 작은 자든지 큰 자든지 주의 이름을 경외하는 자들에게 상 주신다(계 11:18).

우리가 예수님을 위해 뭔가를 할 수 있다면 얼마나 영광스러운 일인가? 그런데 예수님은 지극히 작은 자 하나에게 하는 것이 곧 자신에게 하는 것이라고 말씀하시며 우리가 주님을 섬길 수 있는 방법을 분명하게 가르쳐 주셨다. 그것은 지극히 작은 자, 예수님의 형제인 그들에게 관심을 갖는 것이다.

누림의 삶은 인간의 상식을 뛰어 넘는다. 우리는 아무 일 없이 편안하면 누린다고 생각하지만, 사실은 그 일은 공허하다. 비록 어렵고 힘든 일이지만 다른 사람을 위한 삶에서 기쁨이 주어진다. 그 기쁨은 영혼의 기쁨이요. 예수님을 섬기는 기쁨이다. 그 기쁨을 누리고 싶다면 작은 자들에게 관심을 가질 필요가 있다.

chapter 19

좁은 길에서의 누림

아인슈타인(Albert Einstein) 박사가 뉴욕에서 기차를 타고 어디론가 가고 있었는데 승무원이 승객들의 표를 검사하기 시작했다. 아인슈타인 박사는 표를 호주머니에서 찾았지만 보이지 않았다. 승무원은 "저는 박사님을 잘 압니다. 속이고 타실 분이 아니신 것을 아는데 제가 표를 본 것으로 하그 그냥 지나가겠습니다."라고 배려해 주었다.

승무원이 검표를 마치고 돌아가다가 아인슈타인을 보았는데 여전히 표를 찾고 있었다. 승무원은 "표가 있는 줄로 생각하니까 걱정하지 마시고 더 이상 표를 찾지 마세요."라고 말했다. 그러자 아인슈타인은 "그게 아닙니다. 표에 내가 내릴 역이 기록되어 있는데 내가 어느 역에서 내리는지 알 수가 없어서 표를 찾고 있습니다."라고 말을 했다.

우리도 인생길을 가면서 어디로 가는지 분명히 알지 못하면 방황하는 인생을 살 수밖에 없다. 고속도로를 달리다 보면 종종 지그재그 운전을 하며 160km 이상의 속도로 미친 듯이 달리는 차들을 만나게 된다. 도대체 무슨 일로, 어디를 향해 저렇게 목숨을 걸고 달려가는 것인지 궁금해진다. 그 모습을 보노라면 스프링 벅의 이야기가 떠오른다.

남아프리카의 산양인 스프링 벅들은 30마리 정도가 몰려다닌다. 그러다가 점점 숫자가 늘어나 한 그룹이 2만 마리까지 된다. 이때쯤 되면 후미의 양들이 불만을 갖게 된다. "다 같은 양인데 왜 앞의 애들은 싱싱한 풀을 먹고, 우리는 맨 뒤에서 찌꺼기 풀만 먹어야 되나? 우리도 앞으로! 돌진!"

뒤에 있던 양들이 뛰기 시작하면 그 앞 대열 양들도 뛰기 시작한다. 뒤로 밀리기 싫어서이다. 그러면 또 그 앞 대열도 마찬가지이다. 이런 식으로 2만 마리 전체가 폭주족이 되고 만다. 뛰는 이유는 없다. 뛰니까 뛰는 것이다. 7일 밤낮을 쉬지 않고 뛴다. 물가를 지날 때도 목을 축일 시간이 없다. 뛰어야 하기 때문이다.

끝은 낭떠러지이고 그 밑에는 바닷물이 출렁인다. 하지만 전 속력으로 질주하기 때문에 속절없이 다 빠져 죽는다. 그런데 그 중에 30마리 정도가 산다. 그들은 몸의 밸런스를 놓치는 바람에 넘어졌다가 질주하는 양들에게 짓밟혀 발목이 부러진 양들이다.

많은 사람들이 스프링 벅과 같이 성공을 향해 밤낮없이 뛰고 있다. 왜 성공해야 하는 지 이유가 없다. 남들이 성공을 위해 달리니까 같이 뛰는 것이다.

바울도 한 때 스프링 벅과 같이 뛰던 사람이었다. 그러나 그리스도를 발견하고 그리스도로 충만해진 바울은 달려야 하는 분명한 이유가 생겼다. 그는 그리스도 안에서 누리는 삶을 이렇게 고백했다. "푯대를 향하여 그리스도 예수 안에서 하나님이 위에서 부르신 부름의 상을 위하여 달려 가노라"(빌 3:14).

'푯대'는 인생의 목표다. 바울은 인생의 돗표가 달라졌다. 전에는 넓은 길을 걸으며 세상의 부귀영화 권세를 인생의 푯대로 삼았지만 예수 그리스도가 푯대가 되었다. 예수 그리스도를 본받고, 예수 그리스도처럼 사는 것이 바울의 유일한 목표가 되었다.

바울은 이러한 자신의 변화된 삶을 '하나님이 위에서 부르신 부름의 상을 위하여' 달리는 삶이라고 고백했다. 그는 부름의 상을 위하여 전심전력으로 달렸다. 마라톤 선수들이 오직 골인 지점을 향하여 앞만 보고 달리는 것처럼 바울은 그렇게 열심히 달렸다.

바울이 달린 길은 그리스도를 따르는 길이요, 좁은 길이요, 고난의 길이었다. 달리는 동안 괴로운 일도 있고 힘든 일도 있었지만 바울은 달리고 또 달렸다. 세상 영광이 조금도 부럽지 않았고 땅의 일을 생각하지 않았다.

그는 생애 마지막에 이렇게 고백했다. "나는 선한 싸움을 싸우고 나의 달려갈 길을 마치고 믿음을 지켰으니 이제 후로는 나를 위하여 의의 면류관이 예비 되었으므로 주 곧 의로우신 재판장이 그 날에 내게 주실 것이며 내게만 아니라 주의 나타나심을 사모하는 모든 자에게도니라"(딤후 4:7, 8).

바울은 자신이 걸었던 좁은 길과 그 영광을 우리와 함께 누리기 원하고 있다. 참으로 주님의 칭찬을 기대하는 사람이라면 기꺼이 좁은 길을 걸어갈 것이고 그 길에서도 누릴 수 있을 것이다.

누구보다 모범적으로 그리스도를 본받는 삶을 살았던 토머스 아 켐피스는 "만약 그대가 종교 생활을 제대로 이끌어가고자 한다면 그리스도를 위하여 이 세상에서 바보 취급당하는 것에도 만족하여야 한다."라고 권면했다. 우리가 제대로 신앙생활을 한다면 세상 사람들로부터 바보 소리를 들어야 마땅하다.

바보 의사로 유명한 장기려 박사는 일제 강점기와 한국 전쟁 그리고 분단을 겪으면서도 악해지고 잔인해지며 살기 위해 이기적이 되어가는 사람들과는 다른 길을 걸었다. 환자를 살리기 위해 자신의 피를 뽑고, 돈이 없는 환자를 위해 병원 뒷문을 몰래 열어주고, 모두가 반대하는 수술들을 환자의 생명을 위해 시도했다.

수술 중에 죽은 환자에 대해 죄책감을 느껴 스스로 경찰서에 찾아
가 처벌해 달라고 했다.

그는 19년간 결혼생활을 한 아내 김봉숙과 5남매를 북에 남긴
채 차남만 데리고 1951년 1월 월남허 45년간 혼자 살았다. 재혼
을 권유하는 사람들에게 그는 "사람이 살면서 결혼을 한번 하는
것이지 두 번 하는 것은 아니지요. 내가 여기서 결혼한다면 천국
에 가서 어떻게 아내의 얼굴을 볼 수 있겠습니까? 내 반쪽은 단
한 사람뿐입니다."라고 말했다. 그러면 다들 더 이상 아무 말도
하지 못했다.

1994년 남북정상회담 분위기가 무르익자 고향 방문의 희망이
생겼다. 그러나 그 해 7월에 김일성 주석의 갑작스런 죽음으로 방
북 희망이 무너졌다. 1995년 혼수상태에 빠지기 직전 그는 가족
들에게 유언했다. "이 땅에서 만나봤자 무슨 의미가 있겠는가. 그
렇게 짧게 만나느니 차라리 하늘나라에서 영원히 만나야지…!"

무엇이 그토록 오랜 세월 그를 혼자 살도록 만들었을까? 그는
가정에 대해 이런 말을 했다. "하나님께서 가정을 이루게 하심은
하나님이 생명 사랑을 체험하라고 하신 제도임을 확인하고 내가
주례를 할 때에 이 말로 주례사를 하게 됐다. 내 아내가 절대의 사
랑으로 순종하기 때문에 나도 아내에게 죽도록 충성하는 사랑을
주려고 결심했다."

장기려 박사는 침대 머리맡에 항상 두 장의 사진을 놓아두었다. 한 장은 30대의 어여쁜 아내 사진, 또 한 장은 80세가 된 꼬부랑 할머니 아내의 사진이었다.

훨씬 많은 상들을 수상할 수 있었음에도, 자신은 그런 상들을 더 이상 받지 않겠다고 했고, 자신의 흉상을 세우겠다는 제자들을 물리치고 평생 병원 옥탑방에서 혼자 살던 그는 12월 25일 하나님의 부름을 받았다.

찬송가 중에 '내가 매일 기쁘게'라는 곡이 있다. 작시자인 버펌 (Herbert Buffum) 목사는 단독으로 전도여행을 하면서 순례의 길을 걸었는데 그러한 과정에서 보혜사 성령님이 함께 하시는 것을 경험했다(요 14:16). 그는 그 경험을 '좁은 길을 걸으며 밤낮 기뻐하는 것 주의 영이 함께 함이라.'라고 표현했다. 누가 좁을 길을 걸으면서도 밤낮 기뻐할 수 있는가? 그는 주의 영, 성령님과 함께 하는 사람이다.

'모래밭의 발자국'이라는 유명한 시가 있다. 우리는 이 시를 생각할 때마다 하나님과의 동행을 감격스럽게 느끼곤 한다. 이 시의 내용은 이렇다.

어느 날 꿈을 꾸었다. 내가 주님과 함께 해변 가를 걷고 있었고, 어두운 하늘을 가로질러 나의 삶의 장면들이 밝게 비쳐왔다.

나는 각 장면마다 모래 위에 두 사람의 발자국이 있는 것을 보았다. 하나는 나의 것이었고 다른 하나는 주님의 것이었다.

이윽고 내가 살아온 삶의 마지막 장면이 내 앞에 펼쳐졌을 때 모래 위에 새겨진 발자국은 한 사람의 것 밖에 보이지 않았다.

그때는 나의 삶 중에서 가장 힘들고 슬픈 순간이었습니다. 이 사실로 인해 나는 늘 가슴 아파했고 그래서 주님께 여쭈었다.

"주님, 제가 주님을 따르면 주님은 항상 저와 동행하며 친구가 되어 주신다고 하지 않았습니까? 하지만 제 삶에서 가장 고통스러운 때는 왜 한 사람의 발자국만 있었는지 이해할 수 없습니다. 제가 주님을 가장 필요로 할 때 어찌하여 주님은 저를 떠나 계셨습니까?"

그러자 주님은 속삭이셨다. "나의 귀한 아이야, 난 너를 사랑하며 결코 너를 떠나지 않을 거란다. 네가 가장 큰 시련과 어려움을 당한 그 때에도 결단코 너를 떠나지 않았단다. 네가 한 사람의 발자국을 본 것은 내가 너를 안고 갔기 때문이란다."

많은 사람들에게 감동과 위로와 용기를 주었던 이 시는 오랫동안 저자 미상으로 알려져 있었다. 하지만 1987년에 이 시의 저자가 마가렛 피쉬백(Margaret Fishback)임이 밝혀졌다. 그녀는 이사를 하던 중 짐 하나를 분실했는데 마침 그 짐 속에 이 시가 들어 있었고 그래서 작자 미상인 채로 사람들에게 전해졌던 것이다.

그녀가 이 시를 쓰게 된 때는 남편과 신혼 때였다. 그녀는 남편과 함께 해변을 걸으며 미래를 계획하고 있었다. 둘이 만일 미래에 감당할 수 없는 어려움이 닥치면 어떻게 할 것인가를 얘기하고 있을 때 그들이 남긴 발자국 중 한 발자국을 파도가 지워버리고 한 사람의 발자국만 남겨 두었다. 이를 보고 남편이 말했다. "마가렛, 만일 우리 둘이 해결할 수 없는 어려움이 닥치면 주님이 우리를 안고 가실 거요. 만일 우리가 신앙을 잃지 않고 그 분을 신뢰하기만 하면 말이요."

마가렛은 집에 돌아와 그 장면과 대화를 생각하게 되었다. 그녀는 꿈속에 잠기는듯하면서 주님과 자신과의 관계가 한 사람의 발자국처럼 그려져 왔다. 그녀는 급히 시를 쓰게 되었고 바로 그 시가 오늘날 우리들에게까지 전해지고 있는 것이다.

마가렛은 실제로 이후에 많은 고난을 당했지만 이 한 사람의 발자국을 생각하며 모든 고난을 이겨나갔고 남편 폴과 함께 청소년 사역에 헌신했다.

우리 힘으로는 할 수 없지만 성령님과 동행하면 우리는 좁을 길을 걸을 수 있고, 좁을 길을 걸으면서도 밤낮 기뻐하며 누리는 삶을 살 수 있다.

아일랜드 북방에는 봄철에 새들이 날아와 둥지를 치고 새끼를 키우며 산다. 그러다 늦가을이 되어 세찬 바람이 불어오기 시작하면 어미들은 새끼들이 다칠까, 둥지가 날아갈까, 바람에 날아오는 흙덩이에 맞을까 싶어 안간힘을 다한다. 이대 끝까지 버티는 새가 있는가 하면 모든 것을 포기하고 양 날개를 크게 벌리며 바람에 몸을 맡기고는 바람이 부는 대로 날아가는 새들이 있다.

바람에 몸을 맡긴 새들은 얼마를 날아가다 따뜻한 남쪽 땅에 떨어지게 된다. 정신을 차려 깨어보면 잔디 위에 누워있고 새끼들도 함께 바람을 타고 온 것을 발견하게 된다. 그러나 산등성이에서 바람을 거스르며 버티던 새들은 자기 힘과 꾀를 써서 싸워보지만 닥쳐온 겨울의 추위 속에 그만 얼어 죽고 만다.

우리도 성령의 바람이 불어 올 때 모든 것을 제쳐놓고 양 날개를 피는 새처럼 성령님을 받아들여야 한다. 우리 몸과 마음을 주님께 맡기고, 또한 모든 문제들을 주님 앞에 내어놓고 '성령님, 원하는 대로 저를 인도 하소서!'라고 기도해야 한다. 그리고 성령님과 동행해야 한다. 이것은 때로 힘든 일이기도 하지만 가장 영광스러운 일이다.

chapter 20

고난 속에서의 누림

사람들은 고난 없이 살기 원하지만 고난은 생로병사의 과정을 거치는 모든 인간들에게 주어진 숙명이다. 우리는 울면서 이 세상에 왔다. 사는 동안 기뻐서 울고, 슬퍼서 울고, 아파서 울고, 배고파서 울고, 외로워서 울고, 행복해서 울고, 성공해서 울고, 실패해서 울고, 이래저래 울면서 산다. 이렇듯 많은 눈물을 흘리지만 사람들은 정작 울어야 할 일에 대해서는 울지 못한다. 자신을 모르기 때문이다.

델피(아폴로) 신전 입구에 '너 자신을 알라.'라는 말이 새겨져 있다. 이 경구는 인간은 신이 아니라 사멸할 존재라는 사실을 깨닫고 겸허하게 살라는 뜻이다. 고대 그리스 철학자 소크라테스가

'너 자신을 알라.'라는 말을 철학 명제로 삼았고 지금도 그의 말이 인생철학의 과제로 남아 있는 이유는 예나 지금이나 사람들이 자신이 어떤 존재인지 모르고 살기 때문이다.

우리도 우리 자신을 몰랐다. 그러나 빛으로 임하신 예수 그리스도를 믿고 성령의 조명을 받으면서 점점 우리 자신을 볼 수 있게 되었다. 성도들에게 있어서 자신을 아는 일은 그리스도인으로서 성장하고, 의미를 찾고, 성취감을 누리기 위해 필수적이라고 할 수 있다.

우리는 자신을 알아가는 과정에서 실망하게 된다. 진리의 빛 가운데서 발견하는 나의 모습은 죄로 범벅이 된 추한 모습이다. 인정하고 싶지 않겠지만 실상이다. 나를 알면 알수록 "오호라 나는 곤고한 사람이로다 이 사망의 몸에서 누가 나를 건져내랴."(롬 7:24)라는 탄식이 절로 나온다.

우리의 힘으로 성화를 이루려 하면 절망은 점점 깊어지고 애통의 소리는 점점 커지게 된다. 그러나 희망이 있다. 구원뿐만 아니라 이후의 성화도 하나님의 은혜도 이룰 수 있기 때문이다. 하나님은 우리가 하나님을 의지하여 성화를 이루려 하면 도와주신다. 대학생 선교회(CCC)의 창시자인 빌 브라이트(Bill Bright)는 우리가 믿음으로 그리스도인이 되었다면 성령 충만도 믿음으로 받을 수 있다는 것을 강조했다. "오직 의인은 믿음으로 말미암아 살리라"(롬 1:17). 이것이 성화를 은혜로 이룰 수 있는 증거이다.

하나님의 은혜를 알면 애통이 기쁨으로 변한다. 수도사 어거스틴의 『참회록』을 보면 그는 하나님의 은혜로 죄 문제를 해결했을 때 어머니에게로 달려가서 그 감격을 털어 놓았고, 자신의 기쁨을 "주께서 나의 슬픔이 변하여 내게 춤이 되게 하시며"(시 30:11)라는 말씀으로 표현했다.

슬픔의 경험 없이는 누구도 성숙에 도달할 수 없다. 그래서 한 청교도는 "살아 있는 신앙인에게는 눈물샘이 마르지 않는다."라고 했다. 참으로 울어야 할 때 우는 자가 복이 있다. 실컷 울고 나면 웃을 때가 온다. 그러나 울어야 할 때 울지 않으면 웃어야 할 때 웃지 못한다.

자기 죄 때문에 애통하는 단계가 지나면 그 다음에는 다른 사람의 죄 때문에 애통하는 단계로 들어간다. 죄 짓고 불의한 자들을 바라보면서 비판하는 것이 아니라 불쌍히 여기며 애통하게 된다. 거룩하신 하나님을 떠나 살고 있는 사람들을 바라보면서, 죄악으로 뒤범벅이 된 이 사회를 바라보면서 안타까운 마음으로 애통하게 된다.

아무도 우리에게 다른 사람의 슬픔에 동참하거나 그들의 짐을 나누어지라고 강요하지 않지만 공동체 의식을 가지고 그 짐을 나의 짐으로 여기며 울어야 할 때 우는 것이 그리스도인의 태도이다. 우리는 이 모습을 선지자 예레미야에게서 보게 된다.

눈물의 선지자로 불린 예레미야는 죄로 가득하여 망해가는 조국을 바라보면서 "어찌하면 내 머리는 물이 되고 내 눈은 눈물 근원이 될꼬 죽임을 당한 딸 내 백성을 위하여 주야로 울리로다."(렘 9:1)라고 애통해 했다. 당시 예레미야가 이스라엘 백성들에게 전해야 하는 말씀은 너희가 돌이키지 않으므로 망한다는 것이었다. 예레미야의 눈물을 곧 하나님의 눈물이었다.

예레미야의 애통은 예수님에게로 이어지고 있다. 예수님은 예루살렘의 죄 때문에 애통해 하셨다. 어느 날 감람 산에 올라가서 예루살렘 성을 보시면서 눈물을 흘리셨다. 그리고 이렇게 통곡하셨다. "예루살렘아, 예루살렘아 선지자들을 죽이고 네게 파송된 자들을 돌로 치는 자여 암탉이 그 새끼를 날개 아래 모음같이 내가 네 자녀를 모으려 한 일이 몇 번이더냐 그러나 너희가 원하지 아니하였도다"(마 23:37).

바울은 자신이 하나님의 선민 유대인인 것을 자랑스럽게 생각했다(빌 3:5, 6). 메시아 예수님이 유대인으로 나신 것을 생각하면 더욱 자랑스러웠다. 그러나 바울은 동족으로 인해 크게 근심했고 마음에 끊이지 않는 고통이 있었다. 자신이 목숨을 바쳐 전하고 있는 예수 그리스도를 동족들이 십자가에 못 박는 죄를 지었을 뿐 아니라 여전히 배척하고 있기 때문이었다.

　그리스도인의 고난과 눈물은 경건한 삶을 사는 과정에서도 끊이지 않는다. 예수님이 제자들로 하여금 자기를 따르라고 부르셨을 때, 그들은 기꺼이 자기를 부르는 사람의 길을 걸어야 했다. 그 길은 바로 십자가의 길이다.

　데이빗 왓슨(David Watson)은 『제자도』에서 "고난은 제자도와 떨어질 수 없는 요소이다."라고 했다. 우리가 알고 있는 영적인 거인들은 대부분 커다란 고난을 경험한 사람들이다. 바울은 로마 옥에 갇혀 있을 때 고난을 당연시하면서 "그리스도를 위하여 너희에게 은혜를 주신 것은 다만 그를 믿을 뿐 아니라 또한 그를 위하여 고난도 함께 받게 하려 하심이라."(빌 1:29)라고 했다.

　누구나 고난을 당한다. 그러나 그리스도인의 고난은 세상의 일반적 고난과 차원이 다르다. 막연히 당하는 고난이 아니다. 그리스도인은 고난의 자리로 부름을 받았다. 그 고난은 일반적인 고난이 아닌 하나님의 일을 하다가 나타난 특수한 고난이다.

　목회자들이 존경받고 그리스도인이라는 사실이 자랑스러운 때도 있었지만 지금은 상황이 달라졌다. 세상은 노골적으로 하나님을 부정하고, 교회를 원수 대하듯 비판하고, 그리스도인들을 기피하고 있다. 복음을 전하면 혐오의 대상으로 전락한다. '예수님만이 길이요, 구원이다.'라고 하는 순간 돌을 맞는다. 진정한 복음, 오직 예수를 전하면 교회는 독선적이고 고집불통인 집단으로 전락해 버린다.

그러다보니 믿음이 연약한 성도들은 세상에서 자신이 그리스도인이라는 사실을 밝히기 꺼려하고, 자신의 신앙을 표현할 때도 오직 예수를 입 밖에 내지 못한다. 목회자들도 성도들에게 부담을 주지 않으려고 성도들이 듣기 싫어하는 말씀을 피하다보면 반쪽짜리 복음을 전하게 된다.

가슴 아픈 일이다. 이래서는 변화를 기대할 수 없고, 개혁은 더더욱 어려울 수밖에 없다. 한국 교회가 복음의 본질을 회복하고 교회다운 모습을 되찾으려면 고난을 각오하고 고난을 당연한 것으로 받아들여야 한다. 더 나아가 고난을 즐기고 누려야 한다.

바울은 제자 디모데에게 "무릇 그리스도 예수 안에서 경건하게 살고자 하는 자는 박해를 받으리라."(딤후 3:12)라고 가르쳤다. 선교학자 보쉬(David J. Bosch)는 그의 선교신학에서 "예수를 따르는 것은 그의 지도하에 앉아서 율법을 공부하는 것이 아니라, 그의 고난에 함께 참여하는 것을 의미 한다."라고 말했다.

어느 시대이건 신실한 그리스도인은 손해를 보고, 양보를 하고, 나의 것을 드리고, 선을 행하다가 오히려 고난을 당한다. 하나님의 영광을 드러내며 하나님의 나라를 위해 살려고 하다가 당한다. 복음의 진보를 이루기 위해 힘을 쓰다가 고난을 당한다.

이러한 고난 중에 흘리는 눈물들은 예수님의 산상수훈에 나오는 팔복과 관련이 있다. "애통하는 자는 복이 있나니…"(마 5:4).
우리에게 애통이 있는가? 그리스도의 일을 하다가 당하는 애통은
괜찮은 것이다. 하나님의 위로가 있기 때문이다. 팔복은 고난 가
운데서의 누림을 극명하게 보여 주는 내용으로 이루어져 있다. 마
음이 가난한 사람, 애통하는 사람, 옳은 일에 주리고 목마른 사람,
옳은 일을 하다가 박해를 받는 사람은 고난을 누리는 사람들이라
고 볼 수 있다.

바울은 심한 고난을 당하여 살 소망까지 끊어지는 경험을 했다.
그러나 하나님만을 의지하는 가운데 하나님의 위로를 경험했고
자신이 경험한 위로를 이렇게 증거했다. "우리의 모든 환난 중에
서 우리를 위로하사 우리로 하여금 하나님께 받는 위로로써 모든
환난 중에 있는 자들을 능히 위로하게 하시는 이시로다 그리스도
의 고난이 우리에게 넘친 것 같이 우리가 받는 위로도 그리스도로
말미암아 넘치는도다"(고후 1:4, 5).

하나님은 위로의 하나님이시다. 우는 자에게 하나님의 위로가
임한다. 하나님은 우리가 애통할 때 더 가까이 만나 주시고 눈물
을 닦아 주신다. 하나님은 언제나 좋으신 분이시지만 애통할 때
더 좋으신 분이시다. 애통이 크면 클수록 하나님이 주시는 위로도
큰 것이다.

우리는 그리스도와 함께 한 상속자이다. 그렇기 때문에 바울은

우리에게 "우리가 그와 함께 영광을 받기 위하여 고난도 함께 받아야 할 것이니라 생각하건대 현재의 고난은 장차 우리에게 나타날 영광과 비교할 수 없도다."(롬 8:17, 18)라고 격려하고 있다. 바울은 사방으로 우겨쌈을 당하고, 답답한 일을 당하고, 박해를 받고, 거꾸러뜨림을 당하는 고난 속에서 신앙의 꽃을 피우고 열매를 맺었다.

인조 다이아몬드를 만들 때 탄소로 된 숯을 1700도의 고열로 가열한 뒤에 5만 기압의 무게로 압축시킨다고 한다. 5만 기압은 도토리만한 물체를 집체만한 쇳덩이로 누르는 것과 같다. 다이아몬드는 극심한 압력의 결과이다. 그러나 압력이 그보다 적으면 수정이 되고, 그보다 더 적으면 석탄이 된다. 장래의 영광을 생각하면 얼마든지 고난을 참고 견딜 수 있다.

chapter 21

누림의 영성

초기 비행 시절의 이야기다. 한 비행사가 하늘로 날아올랐다. 그런데 조종실 아래서 무언가 긁는 소리가 났다. 쥐가 전선을 갉는 소리였다. 선이 끊어지면 비행기에 문제가 생기고 추락할 수도 있다. 조종사는 긴장했다. 쥐를 떨쳐버리기 위해 비행기를 좌우로 흔들어봤지만 소용이 없었다. 위기의 순간 조종사에게 지혜가 떠올랐다. 조종사는 비행기 고도를 높여 상승하기 시작했다. 높이 올라가니까 갉는 소리가 사라졌다. 쥐가 기압을 못 이겨 죽었던 것이다.

기도의 고도를 높이고 높은 영성을 추구하면 문제는 저절로 사라진다. 거룩을 추구하면 행복은 뒤따라온다. 그런데 사람들은 땅에 것에 몰두하느라 위를 쳐다볼 겨를이 없다. 이러한 모습은 인간의 본질과 크게 벗어난 것이다.

그리스어로 사람을 '안드로포스'라고 한다. 이 말은 '위를 보고 걷는 동물'이라는 뜻이다. 모든 동물들은 기어 다니면서 아래를 바라보고 살도록 지음을 받았지만 우독 사람만은 위를 보도록 지음을 받았다. 그것은 하늘을 바라브며 살도록 하기 위함이었다. 우리는 하늘을 바라보며 하늘에 관심을 두고 살아야 한다. 이것이 인간 삶의 본질이다.

그러면 요즘 현대인들은 어떤가? 하늘을 별로 쳐다보지 않는다. 창고형 매장에 가서 천장이 열려 있는 것을 볼 때마다 하늘에 관심이 없는 사람들의 모습을 확인하곤 한다. 창고형 매장의 천장은 은박지로 싸 놓은 것이 인테리어의 전부다. 누가 이런 발상을 했는지 모르겠지만 요즘 사람들의 습관과 심리를 최대한 활용한 경제적인 방법이라는 생각을 하게 된다.

사람들은 위를 잘 쳐다보지 않는다. 더구나 매장에 온갖 좋은 물건이 가득하기 때문에 사람들은 물건을 바라보고 고르느라 천장을 쳐다볼 틈이 없다. 대다수의 사람들이 천장을 쳐다보며 다니지 않기 때문에 구태여 천장을 꾸미느라 많은 돈을 들일 필요가 없는 것이다.

하늘을 바라보며 살아야 할 인간이 하늘을 바라보지 않음으로 인해 창조주 하나님을 모르고 자신이 피조물이며 죄인이라는 사실을 모르고 살아간다. 프란시스는 '평생 회개하며 산 사람'으로 "우리의 것이라곤 악습과 죄악뿐이라는 것을 확실히 알고 있으면서 하나님께 모든 좋은 것을 돌려 드리며, 영혼이나 육신의 온갖 괴로움과 고생을 인내로 견디는 것"이 회개하는 자의 자세라고 말했다.

그런데 내가 누구인지를 모르고, 왜 자기가 살고 있는지도 모른다. 목표도 없고, 의미도 없고, 다만 흘러 표류하는데 지나지 않는 인생을 살고 있다. 이러한 현대인들의 모습을 보면서 일본의 기독교인이며 아동문학가인 노베찌가 경험한 사건이 떠오른다. 그가 쓴 글 가운데 '너의 둥지는 너무 낮았다.'라는 시가 있다. 노베찌가 이 시를 쓰게 된 데에는 슬픈 사연이 있었다.

어느 날 집 뜰에 있는 나무에 새가 둥지를 만들고 있는 것이 눈에 띄었다. 새가 하는 작업을 재미있게 구경하다가 갑자기 '둥지의 위치가 너무 낮지 않을까?'라는 생각이 들었고 '저렇게 낮아서는 고양이의 공격을 받을 수 있다.'라는 걱정이 생겼다.

그러나 새에게 알려줄 방법이 없었다. 거의 완성된 둥지를 헐어버릴 수도 없는 노릇이어서 그대로 내버려 두었다. 얼마 후 이 둥지에서는 새끼들이 태어나 어미 새가 먹이를 구해다가 먹여 주는 즐겁고 행복한 광경을 구경할 수 있게 되었다.

그러던 어느 날 예감했던 비극이 끝국 일어나고 말았다. 새끼들이 고양이에게 희생되고 만 것이다. 먹이를 가지고 돌아온 어미새는 새끼를 찾을 길이 없어 오랫동안 그 둥지에서 슬픈 소리로 울고 있었다.

이러한 모습을 바라본 노베찌는 가슴 아파하면서 '너의 둥지는 너무 낮았다.'라는 제목의 시를 쓰게 되었다. 위의 것을 바라보며 살아야 하는 성도들이 땅에 것에 집착한다던 그것은 둥지를 너무 낮은 곳에 지은 것이다. 그러면 우는 사자와 같이 두루 다니는 마귀의 밥이 될 수밖에 없다.

미국의 어떤 소년이 길에서 5달러짜리 지폐를 주웠다. 그는 그것을 줍고 나서 얼마나 기분이 좋았는지 햏여 또 이런 일이 있을까 하여 땅만 쳐다보고 다녀 그만 이것이 습관이 되고 말았다. 길에서 물건을 줍는데 큰 취미가 생긴 그가 일생동안 주운 것들은 단추가 29,519개, 머리핀 54,172개와 수천 개의 동전, 그 외에 수많은 자질구레한 것들이었다고 한다.

그는 그런 것들을 줍느라고 푸른 하늘이나 지상의 꽃과 새와 자연의 아름다움을 볼 기회를 많이 잃었다. 그의 일생은 넝마주이 인생으로 끝나고 말았다. 사람은 무엇을 바라보고 사느냐에 따라 그 인생이 결정된다.

우리는 더 높이 올라가야 한다. 부활의 소망을 가지고 저 높은 곳을 향하여 날마다 나아가야 한다. 바울, 베드로, 요한, 모든 그리스도의 사람들은 이 땅에 소망을 두지 않고 오직 예수 그리스도만을 따라가며 하늘을 바라보면서 높은 영성을 추구하며 살았다.

시오노 나나미(Shiomo Nanami)는 『로마인 이야기』에서 이런 질문을 던지고 있다. "지성으로는 그리스인보다 못하고, 체력으로는 켈트족이나 게르만족 보다 못하며, 기술력으로는 에트루리안 보다 못하고, 경제력에선 카르타고인보다 못한 로마인들이 지중해와 전 세계를 지배할 수 있었던 이유는 무엇이었을까?"

모든 것이 현저히 열악한 상황 가운데서 무엇으로 그들은 천하의 패권을 차지할 수 있었을까? 그 이유는 너무나 단순했다. 그 어느 민족에게서도 찾아볼 수 없는 높은 시민의식 때문이었다. 자신이 로마인이라는 긍지와 자부심이 법과 제도를 준수하고, 계속되는 위기의 순간 속에서도 대의(大義) 앞에 하나가 되어 정상에 이르게 했던 것이다.

바울이 활동하던 당시 로마의 식민지 빌립보는 정치, 군사, 경제적인 측면에서 매우 중요한 위치에 있었다. 그렇기 때문에 로마의 황제는 빌립보 사람들에게 이탈리아 본토 사람과 동일한 지위와 특권을 허락했고, 이로 인해 빌립보 사람들의 자부심은 그 어느 로마인들보다 대단했다.

바울은 이들의 긍지와 자부심을 너무나 잘 알고 있었다. 하지만 로마 시민보다 더욱 영예스러운 천국 시민임을 주지시키기를 원했다. 그래서 성도들의 시민권은 하늘에 있다는 사실을 상기시키며 천국 시민답게 살라고 강조했다(빌 3:20). 실제로 바울은 이 땅에 살면서도 하늘 시민처럼 살았다.

그러면 바울이 이 세상에 소망이 없어서 오직 하늘만 소망하며 살았을까? 바울은 유대인이었지만 로마 시민권을 가지고 있었다. 당시 로마는 지중해 전 지역과 이란까지 광대한 지역을 통치하고 있었기 때문에 자신이 로마 시민이라는 사실을 밝히면 그는 어디에 있든지 로마 제국의 위력과 위풍이 그 사람의 배후에 있었다. 야만인 사회에서도 협조와 안전을 보장받을 수 있었다.

그러나 바울은 로마 시민권이 아니라 하늘의 시민권을 자랑했다. 그의 관심은 오직 하늘나라에 있었고, 자신이 로마의 시민인 것보다 하늘나라의 시민인 것이 더 자랑스러웠다. 바울은 로마 감옥에 갇혀서도 하늘을 바라보며 구원하는 자 주 예수 그리스도를 기다리면서 기쁨과 평안을 누리며 살았다.

본회퍼(Dietrich Bonhoeffer)가 히틀러에 저항하다 감옥에 갇혀 지낼 때 쓴 '나는 누구인가?'라는 시가 있다. 그는 이 시를 1944년 7월 8일에 편지로 보냈고 그로부터 9개월 후인 1945년 4월 9일에 아돌프 히틀러를 타도하려는 계획에 가담한 죄로 사형을 당했다. 사람들은 본회퍼의 모습이 너무 당당해 보였다. 그래서 그를 보고 본회퍼는 사람들이 말하는 것을 이렇게 적었다.

영주가 자신의 성체에서 나오는 것처럼 태연하고, 쾌활하며, 확고하게 감방에서 나온다고 … 내가 명령하는 것처럼 자유롭고, 친절하며, 분명하게 나를 지키는 간수들과 이야기를 나눈다고 … 승리에 익숙한 자처럼 침착하고, 미소를 지으며 자랑스럽게, 불행의 날들을 견디고 있다고 ….

그러나 본회퍼는 자신이 정말 그런 사람인지 자문해 본다.

새장 속의 새처럼 불안해하고, 그리움에 지쳐서 병들고, 목을 줄린 것처럼 숨을 쉬려 발버둥치고, 색채들, 꽃들, 새들의 노래를 그리워하며, 따뜻한 말들과 인간의 접근을 갈구하며, 자의성과 사소한 모욕에 분노로 떨고, 위대한 것을 기다리다 낙심하며, 무한히 멀리 있는 친구를 그리워하다 낙담하며, 기도하고, 사색하며, 창작하는 데 지치고 공허해 하며, 모든 사람과 작별하는 가운데 허탈해 하고 의기소침해 하지 않는가?

사람들은 자신을 보면서 초연하다는 생각을 하고 있지만 자신은 내적으로 흔들리고 있었다. 그는 감옥에 있었고 얼마 있지 않으면 죽음을 맞이하기에 초연할 수만은 없었다. 그러나 그는 "내가 어떤 사람이든 오 하나님 당신은 나를 아십니다. 나는 당신의 것입니다."라고 결론을 내렸다.

오직 하나님만을 의지하고 하늘의 영성을 소유한 본회퍼는 마지막을 멋지게 장식했다.

어느 날 갑자기 한 간수가 문을 두드리고 들어오는데 본회퍼는 직감적으로 마지막이라는 것을 알았다. 그는 벌떡 일어나 감방에 있던 자기의 동지들에게 이렇게 인사를 했다.

"동지 여러분! 이제 나에게는 죽음이 왔습니다. 그러나 기억하십시오. 이것은 마지막이 아니고 시작입니다. 주님께서 나를 위해서 예비하신 아버지의 집에서 만날 때까지, 여러분! 안녕히 계십시오." 마지막 인사를 하고 감방을 나서는 그에게서 놀라운 평안과 기쁨이 넘쳐 났다. 사람들은 본회퍼의 마지막 모습을 충격과 감동으로 바라보았다.

신앙생활은 항상 상승하는 것이 아니다. '채움', '비움', '누림'의 세 차원을 오르내리게 된다. 그러나 우리에게 확실한 것은 하나님이 세상 끝까지 우리와 함께 하시며 사랑하신다는 사실이다. 그래서 바울은 환난이나 곤고나 박해나 기근이나 적신이나 위험이나 칼이 그리스도의 사랑에서 끊을 수 없다고 말했다(롬 8:35). 그래서 바울은 누릴 수 있었다. 우리에게는 영원히 흔들리지 않은 믿음이 있다. 그것은 우리가 하나님의 것이라는 사실이다.

마틴 루터 킹(Martin Luther King) 목사가 불만 섞인 표정으로 거리를 청소하는 흑인 청소부를 만났다. 그는 킹 목사에게 불평을 털어놓았다. "내가 백인들의 집이나 청소하고 저들이 어질러 놓은 길이나 청소하며 살아야 합니까?" 이때 킹 목사는 이런 유명한 말을 남겼다. "당신은 백인들의 길 한 모퉁이를 청소하고 있다고 생각하지 말고 하나님이 창조하신 우주의 한 모퉁이를 쓸고 있다고 생각하시오."

그리스도인은 하나님의 자녀요, 천국의 시민이다. 언제, 어디서나 이 사실을 잊지 말고 긍지와 자부심을 가지고 당당하게 살아야 한다. 비록 청소를 하고 있더라도, 남들의 주목을 받지 못하는 평범한 삶을 살고 있더라도 우리는 마음에 천국을 소유하고 누리며 사는 천국 시민이다.

Tip. 누림을 위한 찬송과 말씀

✲ 찬송으로 드리는 누림 기도

438장(내 영혼이 은총 입어)

454장(주와 같이 길 가는 것)

288장(예수를 나의 구주삼고)

복음성가 - 날 구원하신 주 감사

복음성가 - 모든 영광 하나님께

복음성가 - 예수 사랑해요

복음성가 - 이제는 나 사는 것 아니요

✲ 묵상의 말씀

"에녹이 하나님과 동행하더니 하나님이 그를 데려가
시므로 세상에 있지 아니하였더라"(창 5:24).

"고난당한 것이 내게 유익이라 이로 말미암아 내가
주의 율례를 배우게 되었나이다"(시 119:71).

"너희가 그리스도와 함께 다시 살리심을 받았으면 위
의 것을 찾으라 위의 것을 생각하고 땅의 것을 생각
하지 말지어다"(골 3:1, 2).

누림을 위한 스타트 업

우리는 지금까지 초대에 응답한 이후 이루어지는 '채움', '비움', '누림'의 단계를 말했다. 우리가 누림의 단계까지 말하는 것은 수준이 높고 낮은 것을 말하고자 함이 아니다. 우리는 목표를 제시할 뿐이다. 왜냐하면 한국 성도들은 예수 믿은 다음에 자신을 위해 무엇을 해야 할지 모르고 있기 때문이다. 우리는 바울처럼 푯대를 향하여 날마다 영적으로 싸우며 상승해 가는 사람들이다.

그리고 성도의 신앙생활은 '채움 - 비움 - 누림'이 사이클처럼 돌아간다. 사람마다 상황은 다르다. 이것은 각 사람에 따른 영성이다. 어떤 사람은 채움으로만 고민하며 끝날 수도 있다. 북한에 있는 성도들은 겉으로는 채움을 간구하는 것 같지만 내적으로는 누림의 삶을 사는 사람들이다. 우리는 누림의 단계에 있다가도 시련이 오면 다시 채움의 단계로 돌아가곤 한다. 하나님의 은혜가 필요하기 때문이다. 때로는 시험을 당해 범죄함으로 채움의 단계로 전락하기도 한다.

감사하게도 기독교는 도를 닦는 종교가 아니다. 도를 닦는 종교라면 끝이 보인다. 그러나 인간은 모든 것을 이룬 후 정상에 머물러 있을 수 없다. 우리가 목회 30년을 경험하면서 인간의 실상을 파악하면서 성인과 악인의 차이는 종이 한 장 차이임을 알게 되었다. 성인의 모습을 가지고 있던 사람이 얼마든지 악한 사람으로 전락할 수도 있다.

레오나르도 다빈치는 최후의 만찬을 그리면서 열 한 명의 제자들은 다 그렸으나 인자한 모습의 예수님과 정반대인 가룻 유다를 그려 넣지 못하고 있었다. 그러던 어느 날 시골의 한 성당 예배에서 성가대에 앉아 열심히 찬양을 하고 있는 한 소년을 보았다. 소년은 마치 하늘로부터 내려온 천사처럼 아름다웠고 성령이 넘쳐 흐르는 모습이어서 예수님의 모델로 적격이었다. 그가 바로 최후의 만찬에서의 예수님인 피에트로 반디네리였다.

다빈치는 예수님을 그린 후에 가룻 유다의 모델을 찾아서 10여 년이 넘는 긴 시간을 헤맸다. 그때 구석진 자리에서 술에 찌들고 타락한 한 청년이 눈에 들어왔다. 사악하고 욕심 많은 그에게 정중하고도 조심스럽게 가룟 유다의 모델을 제의했다.

의외로 청년은 순순히 모델에 응했다. 그런데 그림이 마무리 될 즈음에 청년은 말했다. "선생님! 저를 기억 못하시겠습니까? 저는 지금부터 10여 년 전에 선생님의 제의로 예수님의 모델이 되었던 피에트로 반디네리입니다."

원래 음악에 천부적인 재능이 있었던 그는 로마의 음악 학교에 진학하였는데 그만 친구를 잘못 사귀는 바람에 방탕의 길로 들어서게 되었다. 10여 년 동안 술에 찌들고 방탕한 결과는 예수님의 인자하고도 온유한 모습에서 사악하고 탐욕스러운 가룟 유다의 모습으로 바뀌어 있었던 것이었다.

우리에게 중요한 것은 하나님과 함께 살아가는 것이다. 하나님의 은혜에 기대어 살아가는 것이다. 은혜로우신 하나님은 언제든지 새로운 길을 열어 주신다. 하나님은 우리에게 늘 기회를 주신다. 마치 보혈이 샘물인 것처럼, 어린 아이가 걸음마를 배울 때 한 걸음 떼는 것만으로도 기뻐하며, 넘어지면 다시 일어나 걷도록 돕는 것처럼 말이다.

'채움-비움-누림'의 사이클 신앙생활을 하는데 있어서 우리에게 필요한 것은 모델이다. '누구를 모델로 삼아 내 인생을 디자인할 것인가?' 나는 지금 누구를 모델 삼아 소중한 삶을 엮어가고 있는가? 모델의 중요성을 가르쳐 주는 이야기가 있다.

어느 대장장이가 여행을 떠나려는데 손님이 찾아와 말발굽 편자를 건네며 똑같은 것 100개를 주문했다. 대장장이는 제자에게 편자를 모두 만들어 놓으라고 지시하고 여행을 떠났다.

그가 돌아와 만들어진 것을 점검해보니 대부분 불량이었다. 원본과 사이즈가 너무 달라 납품이 불가능했다. 제자는 고객에게 받은 원본으로 하나를 만들고, 만들어진 것을 기본으로 다음 것을, 또 만들어진 것으로 다음 것을 만들었다고 했다. 그런 방법으로 하다 보니 모양은 비슷했지만 갈수록 사이즈가 다른 것들이 나오게 된 것이다.

2천년 기독교 역사 속에는 탁월했던 수많은 믿음의 선배들이 있다. 우리는 그들에게서 많은 것을 배운다. 그러나 우리가 궁극적으로 바라보아야 할 인생 모델은 예수님이시다. 예수님은 근본적으로 하나님이시지만 인간적인 측면에서 생각해 봐도 역사상 가장 위대한 생애를 사셨다. 33년의 짧은 생애였지만 그의 삶은 전 인류의 역사를 변화시켰다.

"믿음의 주요 온전하게 하시는 이인 예수를 바라보자"(히 12:2). 예수님은 우리 신앙생활을 시작하게 하셨을 뿐 아니라 온전하게 하는 완전한 모델이시다. 영어 성경을 보면 '예수를 바라보자.'라는 말은 예수에게 우리의 눈을 고정 시키자(Let us fix our eyes on Jesus)로 표현되어 있다. 신앙은 우리의 눈을 끊임없이 주님께

포커스를 맞추는 작업이다.

바울은 성도들에게 "내가 그리스도를 본받는 자가 된 것 같이 너희는 나를 본받는 자가 되라."(고전 11:1)라고 권하고 있다. 바울은 그의 눈을 예수 그리스도에게 고정시키고 오로지 그리스도를 본받는 삶을 살았고, 교인들이 그러한 자신을 본받기 원했다. 그리스도인에게 그리스도를 본받는 일보다 더 중요한 일은 없다.

이 세상을 좀 더 살기 좋은 곳으로 변화시키려면 어떻게 해야 할까? 답은 간단하다. "너희는 이 세대를 본받지 말고 오직 마음을 새롭게 함으로 변화를 받아 하나님의 선하시고 기뻐하시고 온전하신 뜻이 무엇인지 분별하도록 하라."(롬 12:2)라는 말씀에 답이 있다. 그리스도인들이 이 세대를 본받지 말고 예수님의 가르침을 진정으로 믿고 예수님이 사신대로 살면 된다. 예수님께서 가르치신 복음서의 삶을 살아가는 것이 그리스도를 닮는 것이다.

중세 수도사 토머스 아 켐피스의 『그리스도를 본받아』는 이것을 입증하고 있다. 자나 깨나 오직 그리스도를 본받고자 했던 그는 꿈속에서 주님만으로 만족한다는 말을 세 번이나 반복했다. 꿈은 무의식 표출이다. 따라서 토머스 아 켐피스의 세 번의 고백은 그가 얼마나 그리스도만을 바라보며 살았었는지 대변한다. 그의 삶의 영향력은 지금까지 계속되고 있어서 그의 책 『그리스도를 본받아』는 성경 다음으로 많이 읽히고 있다.

우리가 할 일은 그저 예수님을 우리 삶의 중심에 모시는 것이
다. 언제 어디서나 무슨 일을 하든지 예수님을 바라보며 본받는
것이 그 무엇보다도 중요하다. 더욱 더 예수님을 생각하고, 사모
하며, 그 안에서 소망을 품고, 그를 믿으며, 그를 사랑하고, 그 안
에서 기뻐하여, 그를 부르고, 그의 모습을 닮고자 노력해야 한다.

사람들은 행복으로 가는 길을 잃어버린 채 방황하고 있다. 그러
나 감사하게도 우리는 길 되시는 예수님을 만나 참된 행복의 길을
찾게 되었다. 그 길은 예수님으로 말미암은 채움과 비움과 누림이
다. 우리는 채움으로 비우게 되는 도리를 알게 되었고, 신앙생활
은 예수님과 더불어 살며 누리는 것임을 알게 되었다. 그래서 우
리는 예수 그리스도를 권하지 않을 수 없다.

미국의 구약 성경 학자인 래리 헐 박사가 사막에서 고대 성서지
역을 찾고 있었다. 그가 나름대로 목적지라고 추정하던 곳을 향하
여 십여 리를 걸었다. 어떤 베드인 사람이 장막에서 나왔다. 물 한
모금을 얻어 마시고 싶었으나 시간을 아껴야 했기에 그냥 지나쳤
다. 앞으로 오리는 더 가야 했다.

헐 박사가 목적지를 둘러보고 되돌아오는 길이었다. 베드인 사
람의 장막을 다시 한 번 거쳐야 했다. 그런데 이번에는 장막에서
베드인 남자 한 명이 나오더니 그를 붙들고 안으로 데리고 들어갔
다. 호의를 사양하는 것은 그 사람의 명예를 손상하는 것일 수 있

었다. 그럴 경우 그가 적으로 돌변하여 해를 끼칠 수도 있다. 이러한 베드인 사람의 습성을 알고 있었던 헐 박사는 순순히 뒤좇아 들어갔다.

베드인 사람은 물을 한 컵 가득히 따라 헐 박사에게 주었다. 몸도 지쳤고 목도 타던 참이었다. 헐 박사는 물 한 컵을 단숨에 들이켰다. 꿀맛이었다. 베드인 사람은 또 한 컵을 따라 주었다. 둘째 잔도 고마운 마음으로 마셨다. 그런데 이게 어찌된 일인가? 베드인 사람은 또 한 컵 물을 따라 주었다. 셋째 잔, 넷째 잔, … 이제 더 마시는 것이 힘이 들었다. 그러나 빈 잔에 계속 물을 부었다. 헐 박사는 무려 일곱 잔을 다 마시고서야 자리에서 일어나도록 허락을 받았다.

정말 지나친 호의였다. 하지만 그 호의는 진정 헐 박사를 위한 것이었다. 헐 박사는 사막 한 가운데서 불타는 땡볕을 받으며 땀을 비 오듯 쏟으며 걸어야 했다. 그제야 그는 깨달을 수 있었다. 일곱 잔의 물이 아니었더라면 헐 박사는 아마 지친 나머지 사막에 쓰러졌을 것이다. 베드인 사람은 헐 박사의 생존을 위하여 무엇이 참으로 필요한지를 내다보고 지나친 호의라는 생각이 들 정도로 기꺼이 그의 필요를 채워 주었던 것이다.

우리가 사람들이 거부하고 싫어함에도 불구하고 예수 그리스도를 계속 권하는 것도 같은 이유에서이다. 예수 그리스도만이 죄와 죽음의 문제를 해결하고 영원히 사는 길이고, 유일한 소망이기 때문이다. 그래서 예수님은 "사람을 강권하여 데려다가 내 집을 채우라."(눅 14:23)라고 하셨고, 바울은 예수님을 전하다가 미쳤다는 소리를 들었지만 그는 "우리가 만일 미쳤어도 하나님을 위한 것이요 정신이 온전하여도 너희를 위한 것이니 그리스도의 사랑이 우리를 강권하시는도다."(고후 5:13, 14)라고 했다.

우리는 뜨거운 햇볕이 내리쬐는 사막과 같은 인생길을 걸어가야 한다. 이 세상의 사막에는 생수가 없으나 예수님 안에는 영원히 솟아나는 생수가 있다. 우리가 인생길을 끝까지 무사히 걸으려면 예수님으로 가득 채워야 한다. 예수님으로 만족하면 기꺼이 비우며 살 수 있고 예수님으로 말미암아 누리는 삶을 살 수 있다. 이제 누림을 위한 신앙생활을 시작하자.

참고 도서

1. 국내 도서

개역개정판 『성경』.

강준민. 『뿌리 깊은 영성』. 서울 : 두란노, 1998.

김경재. 『그리스도인의 영성훈련』. 서울 : 대한기독교서회, 1988.

김형석. 『서양 철학사 100장면』. 서울 : 가람기획, 1994.

문동학. 『성경에서 나를 만나다』. 서울 두란노, 2003.

박경숙. 『중세와 토마스 아퀴나스』. 서울 : 살림, 2007.

박용규. 『평양대부흥운동』. 서울 : 생명의말씀사, 2005.

안도현. 『죽음, 아름다운 은총』. 서울 : 예영, 2002.

______. 『삶과 죽음 이야기』. 고양 : 사랑의샘, 2007.

염성철. 『배설물』. 고양 : 도서출판 해븐, 2016.

이성희. 『침묵의 은총』. 서울 : 두란노, 2001.

장명수·염두철. 『작은 교회 새롭게 다시보기』. 서울 : 예영, 2015.

장명수. 「러시아 선교를 위한 동방정교회 영성 고찰」, ACTS, 박사논문,
        2002.

______. "목회 패러다임 전환기." 「기독교 세계」 1019호(4. 2016), 18-21.

정용성. 『닭장교회로부터 도망가라』. 서울 : 홍성사, 2015.

홍윤오. 『50년 여행 50일 인생』. 서울 : 나눔사, 2015.

2. 번역 도서

a Kempis, Thomas. 『그리스도를 본받아』. 조항래 역. 서울 : 예찬사, 1990.

Akiko, Minato. 『여성의 홀로서기』. 김혜강 역. 서울 : 엘맨출판사, 1998.

Anderson, Neil T. 『내가 누구인지 이제 알았습니다』. 유화자 역. 서울 : 조이선교회, 1999.

Augustine. 『참회록』. 오병학·임금선 공역. 서울 : 예찬사, 1991.

Aumann, Jordan. 『영성신학』. 이홍근 역. 왜관 : 분도출판사, 1987.

Bavinck, J. H. 『선교학개론』. 전호진 역. 서울 : 성광문화사, 1991.

Bright, Bill. 『능력있는 삶과 성령』. 한국대학생선교회 역. 서울 : 순출판사, 1986.

Blackaby, Henry T. 『영적 리더십』. 윤종석 역. 서울 : 두란노, 2002.

Bonhoeffer, Dietrich. 『저항과 복종 : 옥중서간』. 손규태·정지련 공역. 서울 : 기독교서회, 2010.

Bosch, David J. 『세계를 향한 증거』. 전재옥 역. 서울 : 두란노, 1999.

Collins, Kenneth J. 『존 웨슬리의 신학』. 이세형 역. 서울 : 도서출판 kmc, 2012.

Edwards, Jonathan. 『신앙과 정서』. 서문 강 역. 서울 : 지평성원, 2004.

Foster, Richard J. 『영적 훈련과 성장』. 권달천 역. 서울 : 생명의말씀사, 1991.

Foucault, Michel. 『말과 사물』. 이규현 역. 서울 : 민음사, 2015.

Fromm, Erich. 『소유나 존재냐』. 최혁순 역. 서울 : 범우사, 1978.

Graham, Billy. 『자서전 - 내 모습 이대로』. 윤종석 역. 서울 : 두노, 2001.

Hiedegger, Martin. 『존재와 시간』. 전양범 역. 서울 : 동서문화사, 2011.

Iriarte, Lázaro. 『프란치스칸 소명』. 프란치스꼬회한국관구 역. 왜관 : 분
　　　도출판사, 2000.

MacDonald, Gorden. 『내면세계의 질서와 영적성장』. 홍화옥 역. 서울 :
　　　한국기독학생회출판부, 1994.

Magnuson, Sally. 『날으는 스코틀랜드인』. 서울 : 개혁주의신행협회, 1988.

Meyendorff, John. 『비잔틴 신학』. 박노양 역. 서울 : 정교회출판사, 2013.

Morgan, Elisa. 『작은 빛이 멀리 간다』. 김성녀 역. 서울 : IVP, 2007.

Nanami, Shiomo. 『로마인 이야기 (10)』. 김석희 역. 서울 : 한길사, 2000.

Nouwen, Henri J. M. 『상처 입은 치유자』. 이봉우 역. 왜관 : 분도출사,
　　　1985.

______. 『아담, 하나님이 사랑하시는 자』. 김명희 역. 서울 : IVP, 1998.

Pascal, Blaise. 『팡세』. 김형길 역. 서울 : 서울대학교출판문화원, 2015.

Peterson, Eugene H. 『성공주의 목회 신화를 포기하라』. 차성구 역. 서울 :
　　　좋은씨앗, 2002.

______. 『내 친구에게』. 양혜원 역. 서울 : 홍성사, 2006.

Schaeffer, Francis A. 『기독교 철학 및 문화관 : 프란시스 쉐퍼 전집 I』. 서
　　　울 : 생명의말씀사, 1995.

Segall, Grant D. 『세계 최고의 부자, 룩펠러』. 전은지 역. 서울 : 베다니출
　　　판사, 2001.

Shel, Silverstein. 『아낌없이 주는 나무』. 김영무 역. 경북 : 분도출판사,
　　　1975.

Sider, Ronald J. 『이것이 진정한 기독교다』. 김선일 역. 서울 : 한국기독학

생 출판부, 1997.

Sis, Jean-Francois. 『오늘의 샤를르 드 푸꼬』. 안응열 역. 왜관 : 분도출판
사, 1976.

Steer, Roger. 『허드슨 테일러(상)(하) : 중국 복음화의 문을 연 사람』. 윤
종석 역. 서울 : 두란노서원, 1990.

Wagner, Charles. 『단순한 삶』. 문신원 역. 서울 : 판미동, 2016.

Weiss, Lille. 『정신치료에서의 꿈 분석』. 김종주 역. 서울 : 하나의학사,
1987.

Watson, David. 『제자도』. 문동학 역. 서울 : 두란노, 1997.

Ziegler, Jean. 『탐욕의 시대』. 양영란 역. 서울 : 갈라파고스, 2012.